Holger Lehmann
Grüße aus Berlin

Holger Lehmann

Grüße aus Berlin

Eine Reise durch die wilhelminische Metropole

vbb   verlag für berlin-brandenburg

1. Auflage 2011
© Verlag für Berlin-Brandenburg, Inh. André Förster
Binzstr. 19, D-13189 Berlin
www.verlagberlinbrandenburg.de

Satz und Gestaltung: Moritz Reininghaus, Berlin
Repro: Margarita Krasnovskaja, Berlin
Druck: druckhaus köthen, Köthen
Printed in Germany

ISBN 978-3-942476-12-6

Inhalt

Vorwort

In Berlin gewesen, Kaiser gesehen, Linden gesehen!« So oder ähnlich konnte man es auf unzähligen Postkarten lesen, welche staunende Besucher der preußischen Metropole in die Heimat verschickten.

Die folgenden Seiten zeigen das wilhelminische Berlin aber nicht nur aus der naiv-patriotischen Sicht, vielmehr bietet der Band mit seinen zahlreichen Abbildungen einen ungewöhnlich abwechslungsreichen Blick auf die Hauptstadt. Ausgewählt habe ich dafür einen repräsentativen Querschnitt aus der unendlichen Fülle der zwischen 1895 und 1920 hergestellten hochwertigen Lithografien und kolorierten Fotografien.

Diese damals als Grußkarten versendeten kleinen Kunstwerke sind heute ein Schatz für alle an der Stadtgeschichte Interessierten. Auf ihnen finden sich viele Facetten des städtischen Lebens vor über einhundert Jahren, vorrangig natürlich die Sehenswürdigkeiten der Stadt, belebte Straßenszenen, berühmte Kultur- und Vergnügungsstätten, neue Verkehrsmittel und -wege, aber auch die unterschiedlichsten Wohnquartiere, Gasthäuser und Geschäfte, Kasernen sowie die zahlreichen Brauereien und Fabriken. Neben Ansichten der Hauptstadt Berlin enthält dieser Band auch Motive aus der bis 1920 noch eigenständigen, stolzen Stadt Charlottenburg, aus Schöneberg, Rixdorf und vielen weiteren aufstrebenden Vororten bis hinaus nach Spandau, Köpenick und Potsdam sowie zu den Ausflugszielen in der Umgebung.

Die Betrachter werden in eine Epoche zurückversetzt, in der sich die Stadt Berlin innerhalb weniger Jahrzehnte zur alleinigen deutschen Metropole und auch zur größten Industriestadt des Landes emporschwang.

Da das Schicksal unserer Stadt im 20. Jahrhundert besonders durch die im

Zweiten Weltkrieg angerichteten Zerstörungen und der anschließenden Teilung bis 1990 besonders übel mitgespielt hat, sind viele der hier abgebildeten Gebäude nicht mehr erhalten, andere sind in Vergessenheit geraten oder verfallen. Deshalb habe ich den historischen Ansichten in vielen Fällen eine kurze Erklärung beigefügt.

Auf einigen dieser Postkarten liest man zeittypische, mal komische, mal tragische oder auch liebevolle Zeilen – sie werden dem Leser und der Leserin natürlich nicht vorenthalten. Dadurch gelingt vielleicht ein gedanklicher Sprung in die Vergangenheit, zumindest bekommt man einen kleinen Einblick in die Gefühlswelt der Menschen zu dieser Zeit.

Das Schreiben von Postkarten gehörte damals zu den beliebtesten Beschäftigungen, unerlässlich bei einem Ausflug oder gar einer Reise. Genauso verbreitet war das Sammeln dieser Grußkarten, weshalb trotz jahrzehntelangen Desinteresses immer noch zahlreiche Postkarten erhalten sind. Dieser Umstand machte auch meine neue, hiermit vorliegende Veröffentlichung möglich.

Mein Dank gilt insbesondere meiner Mutter Brigitte Lehmann, die in mühevoller »Übersetzerarbeit« die in »altdeutscher« Sütterlinschrift verfassten und oft fast unleserlichen Grüße entziffert hat. Meine Frau Elke half mir bei technischen Fragen und hatte immer Verständnis für meine zeitraubenden Recherchen.

Viel Vergnügen beim Betrachten und Entdecken wünscht Ihr

Holger Lehmann

Das klassische Berlin

Die Reise durch das wilhelminische Berlin beginnt natürlich mit der traditionsreichen Prachtstraße Unter den Linden. Entlang des Reitweges, der vom Berliner Stadtschloss nach Westen hinaus zum Tiergarten führte, ließ Kurfürst Friedrich Wilhelm 1647 eine breite vierreihige Allee anlegen. Schon vor über 300 Jahren nutzten die Berliner diese Lindenallee als Promenade. Nach und nach entstanden das Zeughaus, erste Adelspaläste, die Oper, die Bibliothek, die Universität und einige Gesandtschaften entlang der Allee. Ab 1820 siedelten sich erste Geschäfte und Banken an, hinzu kamen Restaurants und Konditoreien, aus denen später berühmte Cafés hervorgingen. Hier trafen sich die verschiedensten politischen Zirkel, die der Stadt Berlin, auch von der

nahen Universität her, viele kluge Köpfe bescherten und die sich hier sich zu einem geistigen Zentrum Deutschlands entwickelte. Legendär und vielbesungen ist jedoch die Straße als einer der ganz großen Boulevards Europas. Die Straße kann aufgrund der sich stets hier abspielenden politischen Ereignisse als Nabel der Stadt bezeichnet werden. Sei es der Einzug Napoleons, die Märzrevolution von 1848, die Siegesparade 1871, die Mobilmachung 1914, das Ende der Monarchie und die Novemberrevolution 1918, die Fackelmärsche der SA, die Bücherverbrennung, die Zerstörungen im Zweiten Weltkrieg, und nach dem Krieg die Aufmärsche der SED, der Mauerbau, der Jubel anlässlich der Wiedervereinigung – immer befand sich an den Linden und dem sich anschließen-

den Pariser Platz mit dem Brandenburger Tor der Dreh- und Angelpunkt der Stadt.

Der östliche, an der Schlossbrücke beginnende Teil der Linden ist sehr harmonisch mit barocken und klassizistischen Bauten bestückt. Lediglich das riesige freie Grundstück, auf dem sich ehemals das Berliner Stadtschloss erhob, befremdet die Besucher. Der im Krieg beschädigte Sitz der preußischen Könige und ab 1871 der deutschen Kaiser ist auf Anweisung der DDR-Führung 1950 aus ideologischen Gründen gesprengt worden; an seiner Stelle wurde in den 1970er-Jahren der Palast der Republik errichtet. Dieser Koloss ist bis 2009 wieder entfernt worden, so schaut man hier seitdem auf eine wohl einmalige Freifläche im Herzen einer europäischen Hauptstadt. Die

Planung für den Wiederaufbau des Schlosses ist abgeschlossen, aber es wird noch viele Jahre dauern, das Schloss als »Humboldtforum« neu herzustellen.

Gegenüber, am Lustgarten, bietet sich dagegen ein freundlicheres Bild. Der Blick reicht über die gepflegte Grünanlage zur Museumsinsel mit der Säulenfront des Alten Museums und zum Berliner Dom. Über die wunderschöne Schlossbrücke geht es dann in den Boulevard hinein. Hier flaniert man zwischen den prägnantesten Bauten des alten Berlin: Zeughaus, Kommandantur, Neue Wache, Universität, Kronprinzenpalais, Kronprinzessinnenpalais, Alte Bibliothek, Staatsoper und Staatsbibliothek, um nur einige zu nennen. Dieses Gebäude-

ensemble wurde wiederhergestellt und vermittelt einen eindrucksvollen Rückblick auf das Berlin vor 1914, als der Kaiser sich hier auf seinen Paraden vom Volk bejubeln ließ und die Schlosswache zur Wachablösung marschierte.

Ab der Charlottenstraße ändert sich mit den nun vorherrschenden Geschäftshäusern der Charakter der Straße. Die Kreuzung der Linden mit der Friedrichstraße war damals die Schnittstelle der Stadt. In den berühmten Cafés »Bauer« oder »Kranzler« traf sich die Welt. Heute besteht der weitaus größte Teil der Linden an dieser Stelle aus Nachkriegs- oder erst nach 1990 errichteten Neubauten. Den letzten Abschnitt des Boulevards bis zum Pariser Platz säumen

Botschaften und andere repräsentative Gebäude. Dieser Platz ist in den letzten zwanzig Jahren nach historischem Vorbild, aber auch von moderner Architektur gesäumt, wieder auferstanden.

Das hier lange Jahre verloren stehende Brandenburger Tor, als Symbol der Teilung der Stadt und des Landes, ist nun Mittelpunkt und Blickfang des Pariser Platzes. Berlin hat seine »gute Stube« wieder bekommen, das Tor ist zum nationalen Symbol der deutschen Einheit geworden. Kaum mehr vorstellbar, wie es hier aussah, als die Mauer fast drei Jahrzehnte lang die Stadt zerschnitt, das Tor abgeriegelt war und der Platz im Niemandsland der Grenzanlagen lag.

Pariser Platz, Panoramablick auf das Brandenburger Tor, um 1905. Das wichtigste und weltweit bekannteste Wahrzeichen Berlins wurde 1788 bis 1791 von Carl Gotthard Langhans in Anlehnung an die griechische Antike erbaut.

Berlin–Weltstadtleben
Unter den Linden.

Unter den Linden, Weltstadtleben, um 1910. Der Boulevard mit Pärchen und Flaneuren an der Ecke Friedrichstraße.

Der neue Dom
u. die Kaiser Wilhelm Brücke

A. Jandorf & Co, Berlin

GRUSS AUS BERLIN

Dom und Kaiser-Wilhelm-Brücke, um 1905. Der gerade eröffnete Domneubau wird auf der Ansicht entsprechend gewürdigt. Auch er wurde während des Zweiten Weltkriegs schwer beschädigt. Seine Rekonstruktion begann in den letzten Jahren der DDR und wurde im vereinten Deutschland vollendet. Die Brücke trägt jetzt den Namen Karl Liebknechts.

Schloss Monbijou, 1902. Lediglich der kleine gleichnamige Park zwischen Spree und Oranienburger Straße gegenüber der Museumsinsel erinnert noch an das 1703 bis 1706 als Lustschloss errichtete Haus. Es wurde während des Zweiten Weltkriegs zerstört, die Ruinen 1959 entfernt; seitdem geriet es fast vollkommen in Vergessenheit.

Die ebenfalls abgebildete Sophienkirche gehört schon zur Spandauer Vorstadt, einer damals verrufenen Armeleutegegend, auch als »Scheunenviertel« bekannt. Dieses Quartier ist teilweise im historischen Bauzustand erhalten geblieben, vielerorts frisch restauriert und mit den Straßenzügen um den Hackeschen Markt zu einer der angesagtesten Adressen Berlins mutiert. Die Sophienkirche mit ihrem kleinen Friedhof bildet darin eine Oase der Ruhe.

Kaiser Wilhelm II. Unter den Linden, 1900. Ein Bad in der jubelnden Menge gehörte zu des Kaisers liebsten Beschäftigungen. Er trug bei solchen Auftritten stets prächtige Uniformen. Wilhelm II. liebte diese Inszenierungen, er kutschierte oder ritt täglich die Linden entlang. Erstaunlich, dass ein Großteil der Deutschen bewundernd und kritiklos zu diesem Kaiser stand. Mit seiner ungeschickten und aggressiven Politik trieb er Deutschland schon wenige Jahre später in einen verheerenden Krieg hinein. Auch in diesen Ersten Weltkrieg, der sich in endlosen verlustreichen Grabenkämpfen verlor und mit einem Desaster für Deutschland endete, folgte ein großer Teil des deutschen Volkes seinem Monarchen zunächst patriotisch jubelnd. Lediglich unter den Sozialdemokraten gab es Widerstand gegen die Kriegsvorbereitungen. So erhob Karl Liebknecht als einziger Abgeordneter im Reichstag seine Stimme gegen die Kriegskredite, dazu gehörte damals viel Mut. Heinrich Mann beschreibt in seinem 1914 erstmals erschienenen Roman Der Untertan diesen seit der Gründung des Deutschen Reiches herrschenden Hurrapatriotismus sehr scharfsinnig.

Zum repräsentativen Zentrum Berlins gehört unbedingt auch der Gendarmenmarkt, ein wunderbar harmonisches Platzensemble, dessen Zauber sich trotz vieler Neubauten jedem Besucher erschließt. In den Augen vieler Berliner und vieler Gäste wird der Gendarmenmarkt zu Recht als der schönste Platz der Stadt angesehen. Die gegen Ende des 17. Jahrhunderts als Zentrum der neuen Friedrichstadt errichtete Anlage wird flankiert vom Französischen und vom Deutschen Dom. Die Platzmitte beherrscht das 1821 fertiggestellte Königliche Schauspielhaus. Alle drei Gebäude wurden nach Kriegszerstörungen schon zu DDR-Zeiten wiederhergestellt, nun ist auch die Randbebauung des Platzes komplettiert.

Gendarmenmarkt, 1900.

Berliner Stadtschloss mit Nationaldenkmal, 1908. Blick auf die Westfassade mit dem Eosanderportal und der Schlosskuppel, von der Schlossbrücke aus gesehen. Der 1443 begonnene Schlossbau diente als Hauptsitz der Markgrafen, Kurfürsten, später der preußischen Könige und zuletzt der deutschen Kaiser. Das Gebäude wurde mehrfach umgebaut und erweitert. Hervorzuheben ist dabei der barocke Umbau ab 1699 durch Andreas Schlüter. Der Kuppelbau entstand 1845 bis 1853 durch die Baumeister Stüler und Schadow. Zu Ehren Kaiser Wilhelms des Ersten wurde nach dessen Tode das Nationaldenkmal errichtet. Trotz reparabler Kriegsschäden wurde das Schloss 1950 aus politischen Gründen abgerissen. Ohne auf die vielen Proteste zu hören, ordnete Walter Ulbricht die Sprengung an. Die DDR-Führung wollte das Symbol das Symbol Preußens aus dem Stadtbild entfernen. Damit verlor die Stadt ihr eigentliches Herz, denn die historische Innenstadt war einzig und allein nach dem Schloss ausgerichtet.

Teilansicht Schloss und Dom, 1910.
Der Blick vom Rathausturm reicht über die
östliche Schlossfront (den ältesten Teil der
Anlage) bis zum Berliner Dom. Dazwischen
in der oberen Bildmitte beginnt die Straße
Unter den Linden mit dem Zeughaus. Der
Häuserkomplex im Vordergrund beherbergte die Oberpostdirektion. Das Viertel
ist komplett verloren, Dom und Zeughaus
sind die einzigen Konstanten.

Auch hier eine kurze Nachricht zum Vor-
lesen: *Sehr geehrte Frau Gotter, Das mir
gesteckte Ziel habe ich fast ohne große
Schwierigkeiten erreicht, so dass sich die
Fahrt hierher bezahlt gemacht hat.
Hoffentlich sind Sie allein gut durch-
gekommen. Auf baldiges Wiedersehen Ihr
ergebener Schmidt*; versendet nach
Frohnau im Erzgebirge, offenbar von
einem Handlungsreisenden.

Unter den Linden, Aufziehen der Schlosswache,
um 1910, mit Zeughaus und Schlossbrücke.

Schlossplatz mit Schlossbrunnen, 1907.
Die Abbildung zeigt den Schlossplatz in
Richtung Osten. Links begrenzt die Südfront
des Stadtschlosses den Platz, rechts befindet
sich der Marstall, dahinter öffnet sich die
Königsstraße in Richtung Alexanderplatz. In
der Bildmitte schließt die Häuserzeile der
Burgstraße den Platz. Einzig der Marstall steht
noch heute, der Schlossbrunnen wurde abgetragen und vor dem Roten Rathaus aufgebaut
(heute bekannt als Neptunbrunnen), die Platz-
anlage und die komplette Burgstraße sind
verschwunden.

Blick in die Linden, 1907. In der Bildmitte das 1851 aufgestellte Reiterstandbild Friedrichs des Großen von Christian Daniel Rauch.

Palais Kaiser Friedrichs III. Unter den Linden, 1909. Das bereits 1663 errichtete und mehrfach umgebaute Haus ist bekannter unter dem Namen Kronprinzenpalais. Es diente dem preußischen Herrscherhaus als Stadtpalais. Im Krieg komplett zerstört, wurde es 1968 wieder aufgebaut und diente als Gästehaus der DDR-Regierung.

An der Friedrichsbrücke gegenüber vom Berliner Dom befand sich die bereits 1685 gegründete Börse der preußischen und später der deutschen Hauptstadt in einem 1859 bis 1864 erbauten, repräsentativen Neubau direkt am Spreeufer. Dieses Haus wurde im Zweiten Weltkrieg zerstört, Reste davon waren bis vor zehn Jahren auf dem Grundstück vorhanden, dann wurde das Gelände neu bebaut.

Die abgebildete Dreibogenbrücke, an einer der ältesten Spreeüberquerungen zwischen Berlin und Cölln, wurde in den Jahren 1891 bis 1893 neu errichtet und löste eine gusseiserne Brücke mit sieben Bögen ab.

Den Mittelbogen der Friedrichsbrücke sprengte die Wehrmacht noch in den letzten Kriegstagen 1945. Nach Kriegsende wurde zunächst eine provisorische

Brücke errichtet, bis 1981 der Wiederaufbau nach historischem Vorbild vollendet wurde. Nun stehen die Obelisken, allerdings ohne die krönenden Skulpturen, an der jetzt aus einem Spannbetonbogen bestehenden Brücke. Diese ist heute ausschließlich Fußgängern vorbehalten, die darüber vom quirligen Hackeschen Markt zur Museumsinsel gelangen.

Berlin.   Friedrichsbrücke u. Börse.

587 L. Saalfeld, Berlin S.W. 29.

Friedrichsbrücke und Börse, 1904. Die Postkarte wurde nach Paris versendet und erinnert entfernt auch an die französische Hauptstadt mit ihren zahlreichen prachtvollen Seinebrücken.

Einen Einblick in das gesellschaftliche Leben im wilhelminischen Berlin, nur einige Etagen weiter unten, bietet die Grußkarte aus der **Berliner Dienerschule** in der Wilhelmstraße, von einem Schüler dieser Einrichtung aus dem Jahre 1911, mit folgender Nachricht: *Lieber Bruder und Schwägerin, meine Prüfung gut bestanden jetzt habe ich das schlimmste überstanden hoffentlich kriege ich nun bald Stellung. Jetzt hat man erst Zeit sich Berlin mal gründlich anzusehen bis jetzt haben wir nur noch keine Zeit dazu genommen (...)*, gesendet an Herrn Heinrich Siems, Postschaffner in Goslar.

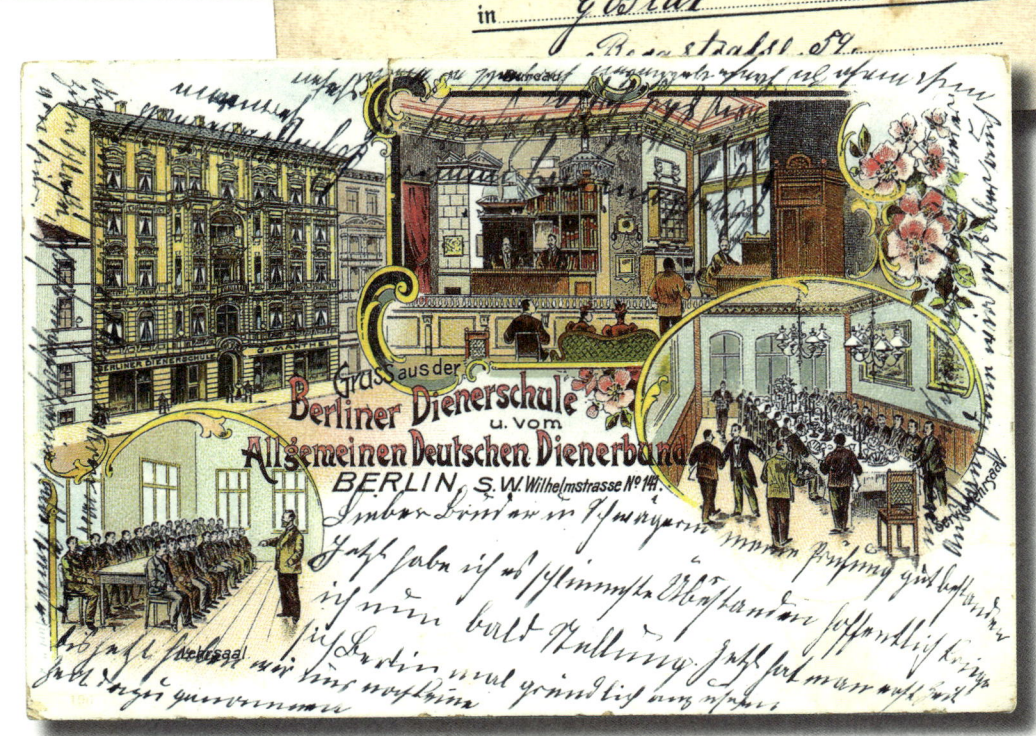

Die Kaiser-Wilhelm-Straße, als östliche Verlängerung der Linden, begann am Schloss und führte weiter in Richtung Alt-Berlin vorbei am Neuen Markt und der Marienkirche zum Alexanderplatz. Von diesem Straßenzug ist kein Gebäude erhalten geblieben, die Kriegsruinen wurden in den 1960er- und 1970er-Jahren für die Neubebauung beseitigt, dabei wurde auch die historische Straßendimensionierung ignoriert. Nun führt hier die vielspurige Karl-Liebknecht-Straße den lärmenden Stadtverkehr in Ost-West-Richtung. Die Nordseite besteht aus einer langgestreckte Hochhauswand, lediglich die Marienkirche steht reichlich verloren noch inmitten einer Grünfläche.

In der Nähe, unmittelbar am Stadtbahnviadukt, befanden sich die »Deutschen Concerthallen«. Von diesem Vergnügungsetablissement mit Sommergarten an der Spandauer Brücke 3 gibt es keine baulichen Spuren mehr.

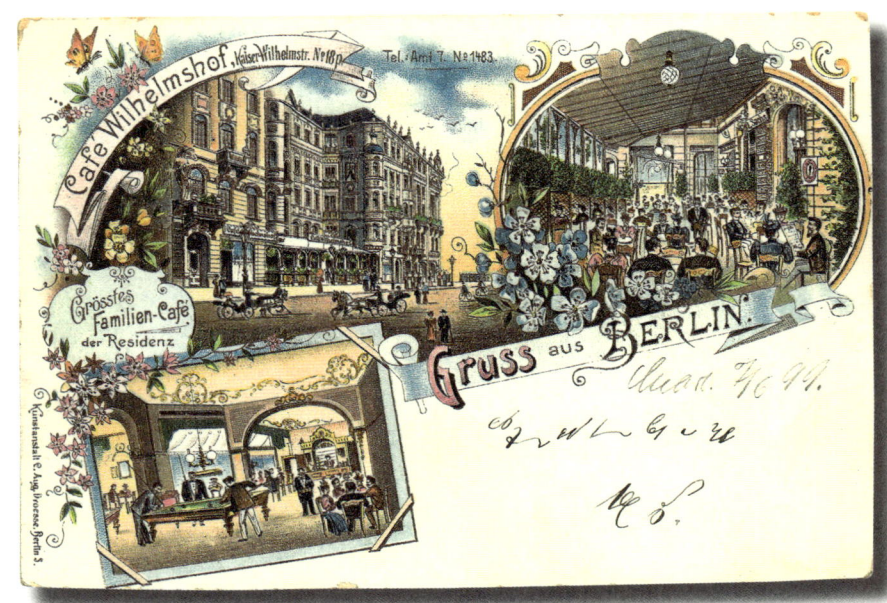

Café Wilhelmshof, Kaiser-Wilhelm-Straße 18, 1899.

Gruss aus den Deutschen-Concerthallen, 1904. Von den »Concerthallen« ging 1904 dieser Gruß verbunden mit einem zünftigen »Gut Holz« an den Kegelklub »Fidelitas« in Leipzig.

Weltstadt Berlin

Das Quartier um den berühmten 1882 eröffneten Bahnhof Friedrichstraße galt um 1900 als *die* Adresse, als Mittelpunkt der Stadt. Für die mit dem Zug ankommenden Reisenden eröffnete sich ein überwältigendes Großstadtszenario, die Besucher spürten sofort den Puls der Metropole und kamen aus dem Staunen nicht heraus. Neben vielen prunkvollen Bürogebäuden, zahlreichen Geschäften und bekannten Cafés, Restaurants, Hotels befanden sich hier einige wichtige Vergnügungs- und Theaterbetriebe. Der allergrößte Teil davon ist im Krieg verloren gegangen. Zu DDR-Zeiten herrschte rund um den Bahnhof ein eigentümlicher Mix aus wenigen erhaltenen Gebäuden wie dem »Admiralspalast« (damals »Metropoltheater«), Grenzabfertigungsanlagen (»Tränenpalast«), trostlosen Baracken und Flachbauten, Ödnis und Neubauten wie dem Handelszentrum und dem »Hotel Metropol«. Seit 1990 wird daran gearbeitet, das Bahnhofskarree zu alter Bedeutung zurückzuführen. Die Architektur ist nicht immer überzeugend, die Verdichtung und die damit verbundene Belebung aber in der Gesamtheit auf jeden Fall beeindruckend. Zwischen der Lindenkreuzung und der Weidendammer Brücke geht es bisweilen schon recht hektisch zu. Ein Zeichen, dass dieses Viertel wieder angenommen wird.

Friedrichstraße mit Weidendammer Brücke, um 1910. Blick in die Friedrichstraße von der Weidendammer Brücke nach Süden Richtung Bahnhof. Links am Spreeufer stand die Komische Oper, die wie die gesamte Häuserzeile im Krieg zerstört wurde. Lediglich die Brücke wurde in alter Schönheit wiederhergestellt.

Als eine vortreffliche Adresse der Hotellerie der Stadt galt das 1880 errichtete »Central Hotel« an der Friedrichstraße 143–149, direkt am Südausgang des Bahnhofes. Mit seinen 500 Zimmern gehörte es zu den größten Hotels der Hauptstadt. Hauptattraktion war der gläserne Wintergarten, der 1900 Heimat des weltberühmten »Varietétheaters« wurde. Auf dem Grundstück des im Krieg zerstörten Hotels befand sich bis in die 1990er-Jahre eine bescheidene Grünanlage, inzwischen ist das Gelände mit einem Block von Geschäftshäusern bebaut.

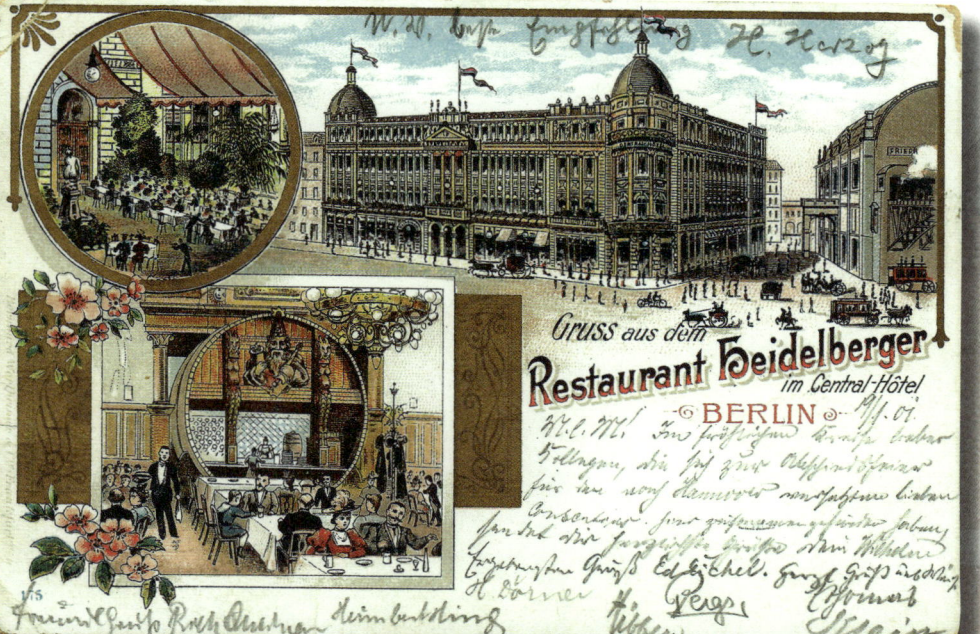

Gruss aus dem Restaurant Heidelberger im Central Hotel, 1901. Die Grußkarte kündet von einer Abschiedsfeier eines nach Hannover versetzten, lieben Kollegen.

Café Monopol, Friedrichstraße 100, 1901. 1945 zerstört, hier befindet sich seit 2006 ein Hotelneubau.

Berlins legendäre Kreuzung Friedrichstraße/Unter den Linden gehörte damals zu den wichtigsten Sehenswürdigkeiten und Treffpunkten der Hauptstadt. Schließlich traf hier die bedeutendste Geschäfts- und Vergnügungsstraße Berlins auf den klassischen Boulevard, die schönste Straße der Stadt. Die von drei stadtbekannten Caféhäusern flankierte berühmte Kreuzung sank im Zweiten Weltkrieg in Schutt und Asche. Nach dem Krieg blieb bis zum Ende der DDR die östliche Nord- und Südecke unbebaut, inzwischen sind alle Lücken mit repräsentativen Geschäfts- und Hotelbauten geschlossen. 2009 wurde auch das ehemalige Lindencorso-Grundstück bebaut und damit die Nachkriegsbebauung mit dem Hotel »Unter den Linden« beseitigt. Zu alter Bedeutung hat die Kreuzung aber noch nicht zurückgefunden, dafür ist die Struktur zu sehr auf repräsentative Geschäfts- und Hotelbauten ausgerichtet und bietet den Berlinern und Besuchern besonders abends wenig Anreize, sich hier aufzuhalten.

Lindenkreuzung, Blick nach Süden in die Friedrichstraße, 1901. Links das 1878 erbaute »Hotel Bauer« mit dem von Oskar Bauer gegründeten ersten Wiener Café in Berlin. Die gegenüberliegende Ecke besetzte Georg Kranzler schon seit 1825 mit seiner Konditorei, aus der das berühmte »Café Kranzler« entstand. Das Kranzler eröffnete 1932 seine bis heute bestehende Filiale am Kurfürstendamm (nach Zerstörung 1945 wurde dort 1958 der markante Neubau eröffnet). der in den 1920er-Jahren zu Berlins neuem Boulevard aufstieg.

Lindenkreuzung, Blick in die Friedrichstraße in nördlicher Richtung (Bahnbrücke), um 1905. Rechts das »Victoria Hotel« mit dem »Victoria Café«, eine vornehme, in den 1920er-Jahren unter dem Namen »Café König« eher zwielichtige Lokalität. Der rege Pferdebahnverkehr führte die Friedrichstraße hinauf zum Stettiner Bahnhof und hinunter zum Halleschen Tor.

Kranzlers Ecke und Café Bauer, 1905. Allgegenwärtig im wilhelminischen Straßenbild ist der Polizist mit der Pickelhaube.

Die Friedrichstraße mit ihren überladenen Schmuckfassaden beeindruckte einst viele Berlinbesucher. Hier wehte Weltstadtluft, zwischen den hohen Kontorhäusern wälzte sich der Großstadtverkehr durch die relativ enge Straße. Auch südwärts über die Leipziger Straße bis zur Kochstraße bot diese Achse beeindruckende Häuserzeilen, gekrönt von zahlreichen Kuppelbauten. Menschen, die sich heute fragen, warum Berlin im Gegensatz zu Städten wie Paris, Madrid oder Wien eher nüchtern erscheint, sollten sich diese Bilder anschauen.

Die von Ruinen gesäumte Straße führte nach Kriegsende lange ein Schattendasein, lediglich der Grenzübergang Checkpoint Charlie sorgte für einigen Wirbel im Kalten Krieg. Nachdem die DDR-Führung noch kurz vor ihrem Ende beschlossen hatte, in ihrem Teil einen Boulevard aus den berüchtigten monotonen Fertigteilen entstehen zu lassen, sorgte glücklicherweise das Ende dieses Staates für ein Scheitern dieser Pläne. Schneller als anderswo im ehemaligen Ostteil erkannten die Investoren den Wert dieser Straße und »beglückten« Berlin hier mit neuen hochpreisigen Einkaufspassagen. Das einstige Flair sucht man hier jedoch noch vergebens, trotzdem hat die Straße deutlich an Prestige gewonnen. Zwischen den oft blockfüllenden neuen Quartieren stößt der aufmerksame Besucher auch noch auf einige historische Fassaden, die zumindest erahnen lassen, wie es in der Friedrichstraße einmal ausgesehen hat.

Ihr südliches Ende hatte die Friedrichstraße am Halleschen Tor, davor bot der kreisrunde Belle-Alliance-Platz ein großartiges Finale. Auch hier gibt es heute außer dem gleichrunden Grundriss des heutigen Mehringplatzes kein einziges historisches Gebäude mehr. Die Gegend ist in den 1970er-Jahren vollkommen neu bebaut worden, die Einwohnerschaft gehört hier eher zu den ärmeren der Stadt, die Gegend hat wenig gemein mit den Glitzerfassaden und dem Trubel ein paar Blöcke nordwärts. Gerade deshalb lohnt es sich, die Friedrichstraße auch südwärts der Kochstraße zu erkunden.

Gruss aus dem Franciskaner am Bahnhof Friedrichstraße, 1901.

Schultheiss Bier-Palast, 1898. Vis-à-vis der Passage stand das Aushängeschild der Berliner *Schultheiss-Brauerei*, ein Gastronomie-Tempel, der sich über vier Etagen dieses Hauses an der Behrenstraße 49/Ecke Friedrichstraße in bester Lage ausdehnte.

Café Friedrichshof, im Eckhaus Friedrichstraße 41/Kochstraße, 1899. Dieses 1882 errichtete, schmucküberbordende Gebäude beherbergte auf den beiden unteren Etagen das großzügige Café, darüber befanden sich herrschaftliche Wohnungen.

Kaiser-Hotel/Kaiser-Kaffee, 1900. An der Friedrichstraße 177/Ecke Jägerstraße befand sich dieser ebenfalls kuppelgekrönte Prachtbau. Darauf folgender Gruß: *Kuss aus dem Kaiserkeller, Liebe Grete (…) Madame war ganz famos (…) ich habe mich fürs Geld sehr gut amüsiert. Ich bedaure, dass du nicht mit warst. Jetzt bin ich im Kaiserkeller, habe eben Krebse gegessen, bin allright. Für andere ist eben Berlin doch groß. Wir sind aber Maikäfer. Hasenkind!! Prosit!!* Diese etwas eigenartige Botschaft ging an eine Margarete Carl aus Gera.

Pschorrbräu Berlin, 1899. Das an der Friedrichstaße 165/ Ecke Behrenstaße gelegene Brauhaus war eine der zahlreichen Dependancen bayerischer und fränkischer Brauereien in der Hauptstadt. Dieses Gebäude stellt eines der wenigen aus der wilhelminischen Zeit erhaltenen Häuser dar, welche die Straße heute noch zieren. Weitere bajuwarische Brauhäuser an der Friedrichstraße waren neben dem »Franciskaner« das »Tucherhaus« Nr. 180/Ecke Taubenstraße oder »Zum Spaten«, Friedrichstraße 172.

Passage Friedrichstraße, Ecke Behrenstraße, 1908. Der abgebildete Eingang, der auch unter dem Namen »Kaisergalerie« bekannten Passage befand sich seit 1873 bis zur Zerstörung des Karrees 1943 an dieser Ecke und führte bis zur Straße Unter den Linden. Neben dem Publikumsmagneten Panopticum (hier mit Reklame für eine Pygmäenausstellung, ganz den damals herrschenden kolonialen Ambitionen entsprechend), befanden sich hier Theater, Cabarets, Restaurants und Geschäfte. Heute steht an dieser Ecke das noch zu DDR-Zeiten als Interhotel begonnene, heute als »Westin Grand« firmierende Hotel. Direkt gegenüber, auf dieser Abbildung links, befindet sich das zuvor beschriebene frühere »Pschorr«-Brauhaus.

Verkehrsreiche Friedrichstraße, 1910. Blick in die tosende Straßenschlucht einen Block weiter südlich an der Ecke Französische Straße. Nun erobern schon neuartige Verkehrsmittel die Friedrichstraße, erste Doppeldeckerbusse und Taxen ersetzen die Pferdebahnen und Droschken. Der Blick geht in Richtung Norden zur Passage.

BERLIN   Leipziger Strasse

Leipziger Straße, Ecke Friedrichstraße, 1910.
Mit der Leipziger Straße kreuzte die Friedrichstraße
eine wichtige Ost-West-Achse, auf der die
Straßenbahnen den Potsdamer Platz mit dem
historischen Stadtkern verbanden. Die Straße war
eine von stolzen Geschäftshäusern, besonders der
Modebranche, gesäumte Einkaufsmeile. In der Bildmitte dominiert der kuppelbekrönte, 1887 bis 1889
für eine amerikanische Versicherungsgesellschaft
errichtete Eckbau, in dessen unteren beiden Etagen
das »Café Kerkau« die Männer zum Billard und die
Damen in einen eigenen Salon einlud. Der
Betrachter wird es schon ahnen, auch von diesen
Gebäuden ist nichts im heutigen Stadtbild erhalten.

**Kreuzung Friedrichstraße/
Leipziger Straße**, um 1910. Blick in
die Leipziger Straße in
entgegengesetzter Richtung.

Berlin.-Waarenhaus Hermann Tietz in der Leipzigerstrasse.

Kaufhaus Hermann Tietz in der Leipziger Straße, 1902. Neben dem berühmten Kaufhaus Wertheim am Leipziger Platz befand sich auch eine Filiale des Konkurrenten Herrmann Tietz (unter den Nationalsozialisten enteignet und seitdem unter dem Namen »Hertie« geführt) an der Nummer 46–49 der Leipziger Straße, Höhe Markgrafenstraße. Der gesamte östliche Straßenzug ist verloren, nach Beseitigung der Kriegsruinen wurde hier in den 1970er-Jahren eine »sozialistische Magistrale« erbaut, wobei die historische Straßenbreite ignoriert und mit Hochhäusern der Blick Richtung Axel-Springer-Haus im Westteil verstellt wurde. Die Straße ist somit Stein gewordenes Symbol des Kalten Krieges in der Stadt. Auf dieser Postkarte befindet sich folgende merkwürdige Nachricht nach Buchholz in Sachsen: *(...) sendet sofort noch 2 Kuchen (Quark) meiner ist schon alle!* Da wird das Geld wohl sehr knapp gewesen sein, das klingt ja schon verzweifelt. Ebenfalls auf dieser Postkarte diese Sensation: *Herr Grund von (Armin) fährt morgen nach China!!*

GRUSS AUS BERLIN. Hallesches Thor.

Blick vom Halleschen Tor in die südliche Friedrichstraße mit dem Belle-Alliance-Platz, 1902 gestempelt. Im Mittelpunkt des großen begrünten Rondells steht mit der Friedenssäule die einzige Konstante zum heutigen Mehringplatz. Die Ansicht stammt noch aus der Zeit vor dem Bau der ersten Berliner Hoch- und Untergrundbahnlinie (eröffnet 1902), die Trasse führte genau zwischen der Brücke und den markanten Torhäusern auf Stahlträgern über die Friedrichstraße und zerschnitt diesen Blick. Linkerhand neben der Brücke entstand der Hochbahnhof Hallesches Tor.

Leipziger Platz, Blick in die Leipziger Straße, versendet 1908. Den Abschluss der Leipziger Straße stadtauswärts (zum Potsdamer Platz) bildete ein großzügiges Achteck mit noblen Geschäftshäusern. Im Vordergrund der Abbildung befinden sich links und rechts die Torhäuser vom Potsdamer Tor. An der Nordostecke des Platzes stand das berühmte Kaufhaus Wertheim.
Beide Postkarten stammen aus dem Verlag Rosenblatt in Frankfurt am Main, der deutschlandweit hochwertige, schön anzuschauende Lithografien anbot.

GRUSS AUS BERLIN.

In der zweiten Hälfte des zwanzigsten Jahrhunderts gab es – nach den Kriegszerstörungen und der Teilung der Stadt – jahrzehntelang nichts als menschenleere Ödnis am Leipziger Platz, ebenso am benachbarten Potsdamer Platz. Erst nach der Wiedervereinigung 1990 rückte der Platz wieder in den Blickpunkt der Stadtplaner. Im Gegensatz zum Potsdamer Platz zieht sich hier die Bebauung aber wegen ungeklärter Grundstücksverhältnisse schon über zwei Jahrzehnte hin, ein Ende ist mittlerweile nach der Klärung der letzten offenen Fragen abzusehen. Das berühmte Oktogon des Platzes ist bereits eindeutig

wieder auszumachen, wenn auch teils von bemalten Kulissen, die Brachen verstecken, unterstützt. Auch das wichtige Wertheimgrundstück soll nun endlich bebaut werden, dann gäbe es endlich den baulichen Abschluss zur Verbindung in Richtung Friedrichstraße und der Platz würde langsam ins Stadtleben zurückfinden.

Im Osten endet die Leipziger Straße am Spittelmarkt, einem einst wichtigen Geschäftsplatz, dessen Bebauung vollständig verloren ist. Gegenwärtig ist er zwischen den Hochhäusern und der überbreiten Straße als Platz kaum mehr auszumachen. Das soll sich zukünftig jedoch

ändern, der Senat plant von der Gertraudenstraße her auf die historische Straßenbreite zurückzubauen. Einen kleinen Einblick in die gründerzeitliche Bebauung der Gegend können sich Spaziergänger an der Wallstraße oder noch schöner am Hausvogteiplatz verschaffen.

Der Spittelmarkt bildete damals den Übergang von der modernen Stadt hinüber über die Gertraudenbrücke zum ältesten Teil Berlins mit der ehemals eigenständigen Stadt Cölln auf der Spreeinsel, gefolgt vom Kern Berlins hinter der Mühlendammbrücke.

Spittelmarkt, 1911. Die untere Postkarte ist als Soldatenpost adressiert und an den Musketier Willi Nöll in Weissenburg/ Elsass versendet.

BERLIN. POTSDAMERPLATZ.

Potsdamer Platz, um 1908. Der Blick führt mit den Straßenbahnen entlang der Potsdamer Straße stadtauswärts. Ganz rechts ist die Ecke zur Bellevuestraße erkennbar, links entstand 1910 anstelle der abgebildeten Bebauung das »Bierhaus Siechen« mit seinem Turmbau.

Der Potsdamer Platz hat eine fast schicksalhafte Bedeutung für Berlin. Komprimiert verkörpert er Noblesse, Großstadtleben, moderne Architektur, Zerstörung, Trennung, Brachfläche und Neuanfang. Dramatische Berliner Geschichte ist hier auf einem Fleck zu erleben, welche Stadt kann schon eine solche Fülle von Veränderung und Wandel in ihrer Mitte vorweisen!

Der Platz entstand Anfang des 18. Jahrhunderts vor den Toren der Stadt als Verkehrsknotenpunkt, da viele Verkehrswege aus dem Westen und Südwesten hier die Berliner Stadtgrenze erreichten. Bereits 1838 verkehrte die erste preußische Eisenbahn ab dem Potsdamer Bahnhof hinaus nach Potsdam und wenig später bis nach Magdeburg. 1902 gab es bereits die Anbindung zu Berlins erster U-Bahnlinie. Als verkehrsreichster Platz Europas galt er in den 1920er-Jahren, die 1924 aufgestellte erste Ampelanlage Berlins gehörte ebenso

dazu wie die zahlreichen Straßenbahnen, die den Potsdamer Bahnhof mit der Innenstadt verbanden. Ein großer Teil der Gründerzeitbauten musste am Potsdamer Platz schon ab 1910 den neuen Bebauungsplänen weichen. Zunächst wurde 1912 der markante Rundbau des »Haus Vaterland« an Stelle von fünf Wohnhäusern an der Ecke zur Königgrätzer Straße (heute Stresemannstraße) eingeweiht. Mit dem »Columbus Haus« und der benachbarten Bebauung gab es ab 1932 moderne weltstädtische Architektur zu bestaunen.

Der im Zweiten Weltkrieg stark zerstörte Platz stand in den Nachkriegsjahren wegen seiner günstigen Lage zwischen drei Sektoren noch einmal im Mittelpunkt, da die Berliner auf dem hiesigen Schwarzmarkt in großem Stil kauften und tauschten. 1953 gab es mit den bis hierher führenden Demonstrationen des Aufstandes vom 17. Juni noch einmal

Geschichte zu erleben. Mit Errichtung der Grenzanlagen 1961 verfiel dieses Berliner Verkehrszentrum in einen Dornröschenschlaf. Immer stärker wurde die Mauer befestigt, alle im Weg stehenden Gebäude wurden dazu beseitigt, das Gelände wurde zunehmend zu einer innerstädtischen Wüstenei.

Einen fulminanten Neustart erlebte der Platz nach dem Ende der deutschen Teilung. Hier entstand in nur wenigen Jahren auf Europas größter Baustelle ein komplettes Stadtviertel. Berühmte Architekten wie Renzo Piano, Helmut Jahn oder Hans Kollhoff schufen den Potsdamer Platz neu. Das Ergebnis ist vielleicht nicht für jeden überzeugend, aber Berliner und besonders Touristen haben den Platz angenommen, der somit eine Erfolgsgeschichte darstellt, die mit Fertigstellung des Leipziger Platzes noch mehr Dynamik bekommen wird.

Potsdamer Platz und Potsdamer Bahnhof, 1903.

Hotel Bellevue und Palasthotel am Potsdamer Platz, 1905. Die beiden fast baugleichen Hotelbauten entstanden 1887 an den Ecken Bellevuestraße, Königgrätzer Straße und Leipziger Platz. Das »Bellevue« wurde bei der Neugestaltung mit dem »Columbus Haus« Ende der 1920er-Jahre abgerissen, das »Palasthotel« brannte im Krieg total aus, die Ruinen wurden nach Kriegsende abgetragen.

In Nachbarschaft zum Potsdamer Platz befand sich am Askanischen Platz mit dem Anhalter Bahnhof der wohl bekannteste Fernbahnhof der Stadt. Bereits 1841 gab es an der nach Süden, in den namensgebenden Landstrich Anhalt führenden Trasse einen ersten Bahnhofsbau. Die berühmte Bahnhofshalle wurde bis 1880 unter der Leitung von Franz Schwechten erbaut. Vom Anhalter Bahnhof verkehrten die Züge nach Leipzig, Dresden, München oder Wien. Der im Krieg stark beschädigte Bahnhof musste 1952 aufgrund der Blockade durch die DDR seinen Dienst einstellen und wurde trotz zahlreicher Proteste 1959 gesprengt. Übrig blieb lediglich das Eingangsportal. Auf dem Gelände der einstigen Bahnhofshalle spielt die Kreuzberger Jugend heute Fußball.

Anhalter Bahnhof, 1916.

Die Potsdamer Straße führt ab dem gleichnamigen Platz in südwestlicher Richtung stadtauswärts, als Teil der historischen Verbindung in die zweite preußische Residenzstadt Potsdam. Der unter diesem Namen bis Schöneberg führende Straßenzug stellte zu wilhelminischer Zeit eine weitere betriebsame Geschäfts- und Vergnügungsmeile dar.

Vom ersten Abschnitt, zwischen Potsdamer Platz und Landwehrkanal, ist aus der Zeit vor dem Ersten Weltkrieg nichts erhalten geblieben, sogar der Straßenverlauf wurde geändert. Heute steht quer über der ursprünglichen Straßentrasse das Kulturforum mit seiner eigenwilligen Architektur, das der Westberliner Senat nach der Teilung in dieser damals toten Ecke errichten ließ. Berühmte Architekten wie Hans Scharoun und Ludwig Mies van der Rohe bauten mit der Philharmonie, der Staatsbibliothek oder der Neuen Nationalgalerie bedeutende Architekturwerke der Nachkriegszeit, die den traditionellen Verlauf der Potsdamer Straße stark veränderten. Die einstige Amüsiermeile verbreitet heute keinerlei

Flair mehr, vielspurig braust der Verkehr durch die Hochhausschlucht und anschließend über die Grünflächen zwischen den Gebäuden des Kulturforums; Spaziergänger fühlen sich hier verloren.

Die einzige Ausnahme von dieser Änderung des Straßenverlaufs repräsentiert die Alte Potsdamer Straße, die im Zuge des Neuaufbaus am Potsdamer Platz in den 1990er-Jahren wieder reaktiviert

Blick in die Potsdamer Straße, 1909. Auf der nach Osnabrück versendeten Karte befindet sich folgende Nachricht: *Liebe Lina, Bin 8.40 in Berlin gut angekommen. Bin sofort nach Kaufhaus Wertheim gegangen. Jetzt 12 Uhr habe ich immer noch nicht alles gesehen (...).*

wurde. Hier ist besonders zu bemerken, dass die neuen Bauten mit der glücklicherweise weitgehend erhalten gebliebenen Baumreihe harmonieren. Das sorgt für ein

angenehmes Ambiente, das erhaltene »Weinhaus Huth« ist das einzige historische Gebäude in diesem Straßenabschnitt.

Der ab der Potsdamer Brücke über den Landwehrkanal folgende Straßenteil besitzt bis heute Großstadtflair, nicht unbedingt schön, ist aber dafür eine lebendige, verkehrsreiche Straße mit gemischter Architektur und eben solchen Geschäften, Vergnügungen und Menschen. Aufmerksame Beobachter finden zwischen modernen Gebäuden auch noch einige Fassaden aus der Epoche der historischen Ansichtskarten dieses Buches.

Diesen Charakter bewahrt die Straße über die Kreuzung Bülowstraße mit dem gleichnamigen historischen Hochbahnhof hinaus bis zur Ecke Winterfeldtstraße (die in ein beliebtes Wohn- und Ausgehviertel hineinführt).

Wenig später, am Kleistpark, beginnt mit der Hauptstraße der nächste Teil des historischen Weges nach Potsdam, der im Kapitel Schöneberg weiter beschrieben wird.

Potsdamer Brücke und Landwehrkanal, 1903. Keines der abgebildeten Gebäude ist erhalten. Von dieser in die Adalbertstraße in Berlin gesendeten Postkarte stammt die abgebildete, noch ungeteilte Adressseite. Ein Herr Krause schrieb an ein Fräulein Marie als Adressangabe einfach Hier S. O.16, Adalbertstraße 40, eingeworfen wurde die Grußkarte in Berlin S. W. 61, also an der Potsdamer Straße. Dafür genügte die Zwei-Pfennig-Briefmarke, nach außerhalb kostete es zu der Zeit fünf Pfennige. Die Postbezirke der Stadt orientierten sich an den Himmelsrichtungen, beginnend bei C. für Centrum ging es einmal um die Stadt. S. O. bedeutet also beispielsweise Südost, die Nummer 16 steht für das betreffende Postamt. Es gab auf diesen frühen Postkarten immer zwei Stempel, so dass man die Laufzeit jeder Grußsendung verfolgen konnte, die war gerade bei großen Entfernungen oft erstaunlich gering.

Hochbahnhof Bülowstraße an der Ecke Potsdamer Straße, um 1910. Der prachtvolle, von Bruno Möhring entworfene U-Bahnhof wurde 1902 eröffnet. Davor verkehrt die Straßenbahnlinie 64, die den Ringbahnhof Landsberger Allee mit dem Bahnhof Zoo verband. Die Kirche am Dennewitzplatz ist erhalten, die Eckhäuser zur Potsdamer Straße sind es nicht.

Südöstlich der Leipziger Straße gab es mit der Oranienstraße eine weitere wichtige Achse im Berliner Straßenraster. Sie brachte die Reisenden vom Görlitzer Bahnhof in die Innenstadt. Die Oranienstraße beginnt an der Lindenstraße/Jerusalemer Straße, wo sich die abgebildete Jerusalemer Kirche befand. Das im Krieg zerstörte Gotteshaus (Ruine 1961 gesprengt) war auch als »Zeitungskirche« bekannt, denn sie befand sich mitten im alten Berliner Zeitungsviertel. An der Kochstraße befinden sich auch heute noch einige Zeitungsverlage (u. a. Springer, taz), sie führt von hier direkt zur Friedrichstraße.

Die Oranienstraße dagegen steht für alternatives Kreuzberger Leben. Sie quert den Moritz-, den Oranien- und den Heinrichplatz. Die historischen Ansichten zeigen den Moritzplatz und den Oranienplatz als geschäftige Kreuzungspunkte im Berliner Straßenlabyrinth. Davon kann heute keine Rede mehr sein, besonders der Moritzplatz bietet einen traurigen, ja hässlichen Anblick. Lediglich eine kleine Häuserzeile kündet vom historischen Karree. Der Rest besteht aus uninteressanter Nachkriegsarchitektur und Baulücken. Von der historischen Luisenstadt ist entlang der Oranienstraße viel Sehenswertes erhalten geblieben, besonders der Heinrichplatz und der angrenzende Mariannenplatz stecken voller Überraschungen.

Jerusalemer Kirche, 1908.

Oranienplatz, 1913. Im Vordergrund erkennt man die Oranienbrücke, welche über den Luisenstädtischen Kanal führte. Diese bereits 1926 zugeschüttete Wasserstraße verband die Spree mit dem Urbanhafen und teilte den Oranienplatz mittig. Am Oranienplatz stehen noch einige der für die Luisenstadt typischen Bauten aus der Gründerzeit sowie einige geschickt eingefügte Neubauten. Der Platz wirkt jedoch aufgrund des fehlenden Kanals etwas trist. Auch darauf befindet sich ein Gruß an die Heimat: *Liebe Eltern, Für das schöne Paket meinen herzlichsten Dank. Es war ganz unerwartet eine große Freude. Habe mir gleich eine schöne Portion gebraten und Sonntag kommt Meta da geht´s über den Rest. Sind*

alle bisher sehr gut angekommen. Bedauern sehr, dass du, Mamachen, Unglück gehabt hast. Mir geht es sonst gut und Meta auch. Verbleibe mit vielen 1000 Grüßen an Euch alle Euer Sohn und Meta. Brief folgt, verschickt nach Waldenburg in Schlesien.

Moritzplatz, 1910. Diese Postkarte ging nach Mülheim am Rhein mit folgender Nachricht: *Mein lieber Carl, Über deine schöne Karte habe ich mich aber sehr gefreut. Also so tüchtig bist du am Singen und Turnen das ist ja schön. Grüße Vater und Mutter von mir und dir einen dicken Kuss (...).* Dieser Gruß könnte möglicherweise von der großen Schwester des kleinen Carl stammen, die nun weit weg in Berlin tätig ist.

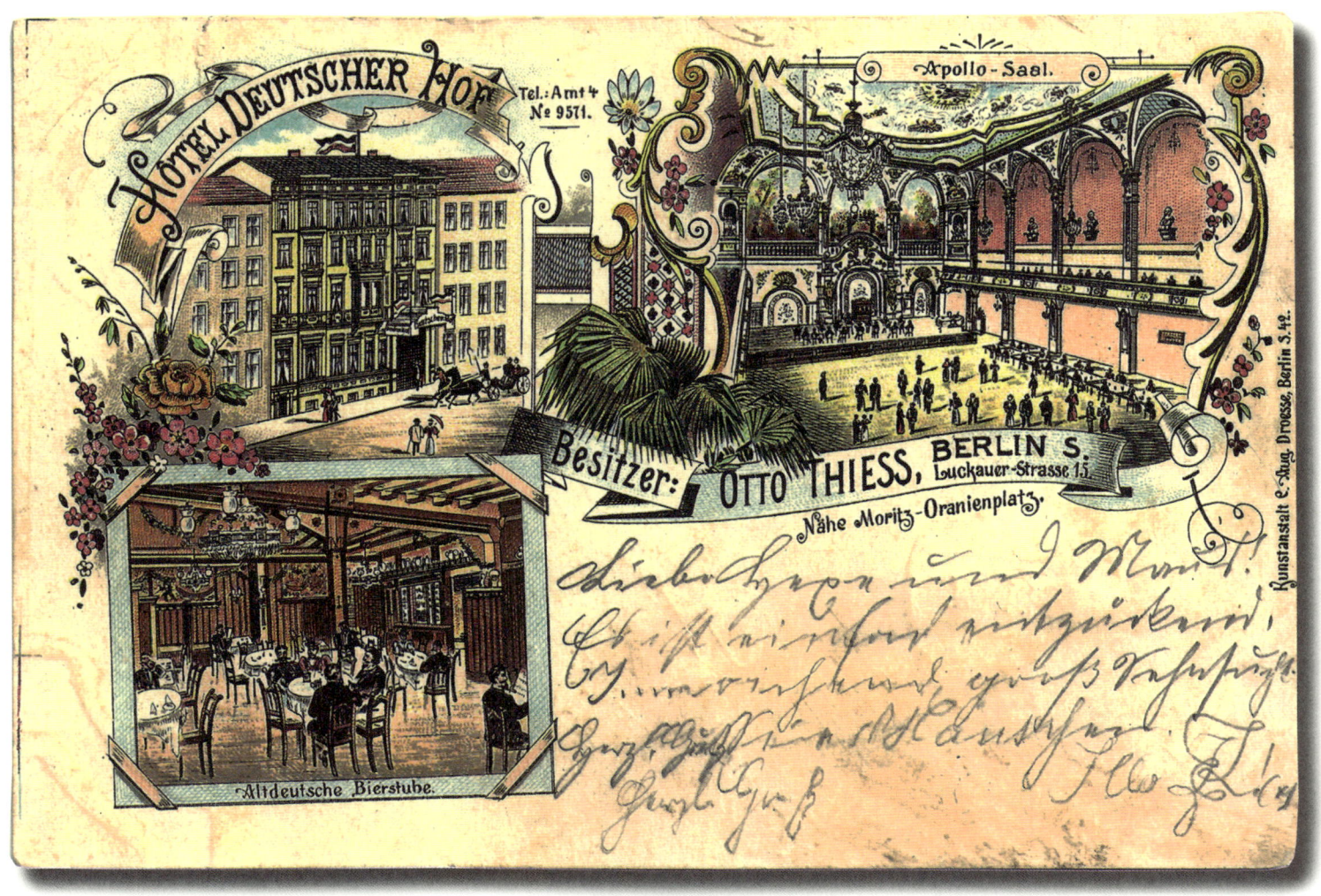

Hotel Deutscher Hof, Luckauer Straße 15, Nähe Moritzplatz/Oranienplatz, 1898. Das Haus Nr. 15 steht nicht mehr, hier befindet sich gegenwärtig ein Spielplatz.

Alt-Berlin und Alexanderplatz

In diesem Abschnitt soll es um den historischen Kern der einstigen mittelalterlichen Doppelstadt Berlin-Cölln in der wilhelminischen Zeit gehen. Die 1237 gegründete Stadt Cölln befand sich auf der Spreeinsel, Berlins Keimzelle östlich davon, etwa dem heutigen Nikolaiviertel entsprechend. In der für dieses Buch relevanten Epoche war das mittelalterliche Straßenraster noch überwiegend intakt. Die Straßenzeilen zeigten oft eine kleinteilige Mischung aus mittelalterlicher, barocker und gründerzeitlicher Bebauung. Das Panorama der Altstadt dominierten die Türme von Nikolai-, Marien-, Kloster-, Parochial- oder Petrikirche.

Ab Mitte des 19. Jahrhunderts gab es erste größere Veränderungen, denen schon damals wichtige Teile des historischen Berlin zum Opfer fielen. Für den wachsenden Verkehr wurden Straßen verbreitert, neue Brücken errichtet, Gassen abgerissen oder durchbrochen. Auch die neuen riesigen Verwaltungsgebäude wie Rathaus, Land- und Amtsgericht, Polizeipräsidium oder die Postdirektion wurden anstelle abgerissener mittelalterlicher Häuserzeilen errichtet. Die weitaus größten Verluste an Berlins Altstadt richtete der Zweite Weltkrieg an. Was noch übrig blieb, wurde im Rahmen der Umgestaltung des neuen, nun Ostberliner Zentrums vielerorts abgerissen.

Der älteste Teil Berlins erstreckt sich auf einem flächenmäßig für heutige Maßstäbe verschwindend kleinen Teil der Stadt. In weniger als fünf Minuten kann beginnend ab dem Spittelmarkt von der Leipziger Straße her heute Alt-Berlin in Richtung Alexanderplatz durchfahren werden, und man merkt es nicht einmal, zu hoch sind die Verluste durch Krieg und Neubebauung. Einen vagen Eindruck bekommt man heute höchstens rund um den Museumshafen am Märkischen Ufer oder im Nikolaiviertel. Für die Bewohner dieses Viertels war es um 1900 sicherlich nicht die Idylle, wie sie teilweise unsere Postkartenansichten vortäuschen, hier herrschte vielerorts blanke Armut in beengten Wohnverhältnissen unter heute unvorstellbaren hygienischen Bedingungen.

Friedrichsgracht und Jungfernbrücke, 1912. Einen detailreichen Einblick in den Alltag im Berliner Stadtkern mit seinen kleinteiligen Gebäuden, den schmucklosen Läden, Destillen und Waschanstalten bietet diese schöne Ansicht. Im Hintergrund sind die Kuppeln von Schloss und Dom zu erkennen. Die Jungfernbrücke im Vordergrund ist die einzige Konstante; die Gracht und die benachbarten Straßen sind nach dem Krieg lieblos neubebaut worden, hier wähnt man sich nicht mehr in Alt-Berlin. So verwundert es nicht, dass sich kaum ein Spaziergänger in diesen Teil des historischen Altstadtgeländes verirrt.

Am Krögel, 1902. Eine der berüchtigten Gassen hinter dem Molkenmarkt war der Krögel. Auf dieser Abbildung posieren einige der Bewohner vor ihren heruntergekommenen, teils noch mittelalterlichen Häusern. Die gesamte Bebauung wurde 1935 für den Neubau der Reichsmünze abgerissen. Den Straßennamen gibt es bis heute, übriggeblieben vom Krögel ist eine kurze, unscheinbare Sackgasse neben dem Neubau der Berliner Wasserbetriebe. Die Postkarte wurde am 23. Dezember 1902 nach Portugal versendet. Auf der Adressseite sieht man den Eingangsstempel in Lissabon vom 27. Dezember, diese Karte ist also trotz Weihnachtszeit recht schnell befördert worden.

Am Mühlendamm, 1898. Der Mühlendamm bildete die historische Verbindung zwischen den Schwesterstädten Cölln und Berlin. Er führte vom Köllnischen Fischmarkt über die Spree zum Berliner Molkenmarkt. Die Lithografie zeigt das Wirtshaus »Neue Schleuse« (oben links) und darunter das imposante Sparkassengebäude am Mühlendamm. Dieser burgartige Komplex diente zunächst als Getreidemühle und erst später als Sparkasse und Armenverwaltung. Für die Umgestaltung der Brücke und Verbreiterung der Straße wurde dieses Gebäude Ende der 1930er-Jahre abgerissen.

Waisenstraße, 1912. Durchblick zur Klosterkirche, dieser Teil der Straße existiert nicht mehr, die Klosterkirche steht als Ruine verloren an der vielspurigen Grunerstraße. Auch diese Magistrale soll künftig auf das historische Maß zurückgebaut werden.

Winterblick über die Spree auf Alt-Berlin, um 1900. Die Ansicht zeigt den historischen Kern Berlins von der Waisenbrücke aus, in der Bildmitte befindet sich die zur Spree führende Kleine Stralauer Straße, rechts dahinter die Spitze der Parochialkirche. Alle diese Häuserzeilen sind im heutigen Stadtbild nicht mehr zu finden. Als Orientierung dienen lediglich der Rathausturm und die Marienkirchenspitze links. Die Parochialkirche wird seit Jahrzehnten Stück für Stück rekonstruiert, inzwischen fehlt lediglich noch die Turmhaube. Für deren Wiedererrichtung inklusive Glockenspiel startete der Verein »Denk mal an Berlin« im letzten Jahr eine große Spendenaktion. In unmittelbarer Nachbarschaft befindet sich in der Waisenstraße eine kleine original Alt-Berliner Häuserzeile und einige Reste der mittelalterlichen Berliner Stadtmauer. Mittelpunkt dieses Mini-Ensembles ist die 1621 eröffnete Gastwirtschaft »Zur letzten Instanz«.

Berlin. – Alt-Berlin am Wasser.

Waarenhaus Hermann Tietz, Berlin W., Leipzigerstrasse 46-49.

LITH. U. DRUCK GEORG BRUNNER, NÜRNBERG.

Alt-Berlin am Wasser, 1901. Fortsetzung der oberen Ansicht in Richtung Mühlendamm, der Krögel führte auf dieser Höhe zur Spree, links die Stadtvogtei. Auch in diesem Spreeabschnitt gibt es keine erhaltene Bausubstanz aus dieser Zeit mehr.

Rotes Rathaus, 1901. Hauptportal an der Königstraße (heute Rathausstraße) und Ecke Spandauer Straße. Für diesen Neubau wurden das mittelalterliche Berliner Rathaus und die umgebenden historischen Gebäude entfernt.

Das berühmte Rote Rathaus ist nach seiner Erbauung schnell zu einem der markantesten Wahrzeichen der Stadt geworden. Obwohl dafür ein beachtliches Stück mittelalterlicher Bebauung weichen musste, wurde es rasch der Mittelpunkt Alt-Berlins. Den eindrucksvollen Bau errichtete Hermann Friedrich Waesemann von 1861 bis 1869. Mit seiner Fassade aus markanten roten Klinkern nimmt es bei 99 Metern Länge und 88 Metern Breite einen kompletten Straßenblock ein. Weithin sichtbar im Panorama der Stadt ist seither der 74 Meter hohe, filigrane Rathausturm, gestaltet nach Kirchtürmen der französischen Gotik (Laon). Ein »Hingucker« an der Fassade sind die an dem umlaufenden Balkon angebrachten 36 Relieftafeln mit Darstellungen aus der Berliner und Brandenburger Geschichte.

Das Rathaus war Sitz des Magistrats von Berlin, ab 1920 des Magistrats von Groß-Berlin. Im Krieg zerstört, wurde es von 1951 bis 1956 wieder aufgebaut und war dann bis 1990 Heimat des Magistrats von Ostberlin.

Schade, dass durch die benachbarten Neubauten aus den 1970er-Jahren viel von der einstigen Dominanz des Gebäudes verloren gegangen ist. Seit 1991 ist es Sitz des nunmehr vereinten Berliner Senats und des Regierenden Bürgermeisters.

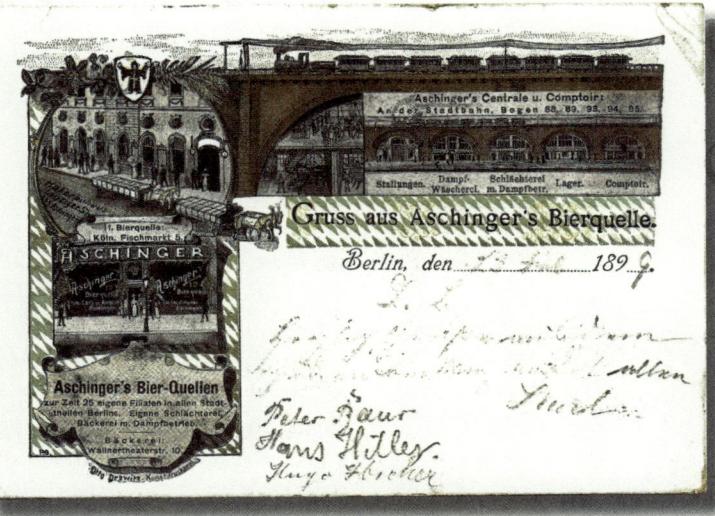

Gruss aus Aschinger´s Bierquelle,
1899. Postkarte mit Aschingers Zentrale in
den Stadtbahnbögen (Stallungen,
Dampfwäscherei, Schlächterei, Lager und
»Comptoir«).

Aschinger´s 4te Bierquelle, Alexanderplatz, 1912.

Eine Institution in der Berliner Gastronomie verband sich damals mit dem Namen Aschinger. Die aus Süddeutschland stammenden Brüder Carl und August Aschinger eröffneten im Jahre 1882 ihre erste Gastwirtschaft in der Neuen Roßstraße 4 gegenüber der Fischerinsel. Sie setzten auf einheitliche Gestaltung (weißblaue Raute) und einheitliches Speisenangebot zu günstigen Preisen. Dieses Konzept bescherte ihren Schnellrestaurants einen furiosen Erfolg, der durch ständige Expansion ausgebaut wurde.

An die 50 Filialen beherrschten schon 15 Jahre nach Gründung die Berliner Straßen. Dazu gehörten auch die in grün-weiß gehaltenen Aschinger-Konditoreien und -Cafés. Ob Alex, Potsdamer Platz oder Ku'damm – Aschinger war überall vertreten.

Nach dem Zweiten Weltkrieg gab es einige Jahre noch eine letzte Filiale am Bahnhof Zoo, seitdem ist der Name eine weitere Berliner Legende.

Alexanderplatz, 1904.

Der Alexanderplatz, einer der wichtigsten Punkte der Weltstadt Berlin, lag außerhalb der mittelalterlichen Stadtbefestigung. Auf dem Gelände vor dem einstigen Georgentor trafen alle wichtigen Straßen aus dem Norden und Osten zusammen, hier fand ein regelmäßiger Viehmarkt statt, weshalb der Platz auch zunächst Ochsenmarkt genannt wurde. Nach der Krönung Friedrichs I. 1701 wurde das Tor in Königstor, die Vorstadt in Königsstadt umbenannt, der Platz hieß nun »Platz vor dem Königstor«. Hier etablierte sich ein wichtiger Umschlagplatz im Wollhandel, und er diente als Exerzierplatz.

Anlässlich eines Besuchs des russischen Zaren Alexander 1805 erhielt der Platz den heute allerorts bekannten Namen.

In der hier im Mittelpunkt stehenden Epoche entwickelte sich der Alexanderplatz zu einem der wichtigsten Verkehrsknoten der Stadt. Der Verkehr aus den einmündenden großen Straßen sorgte für dichtes Großstadttreiben. Darüber hinaus war der Platz ein Umsteigepunkt für verschiedene Straßenbahn-, Bus-, Stadtbahn- und einer ersten U-Bahnlinie. Mit dem Polizeipräsidium, dem »Grand Hotel« und den Kaufhäusern Tietz und Wertheim wuchsen um den Alex wichtige Bauwerke in die Höhe. Ein langjähriges

Identifikationssymbol entstand 1895 mit der sieben Meter hohen, kupfernen »Berolina«.

Das hier abgebildete wilhelminische Stadtbild hielt sich allerdings nur bis in die 1920er-Jahre, dann wurde der Platz vollkommen umgestaltet. Die U-Bahn hielt mit mehreren neuen Linien Einzug, oberirdisch wurde ein großer Kreisverkehr geschaffen, um das chaotische Fahrzeugtreiben zu bändigen, und mit den modernen Bauten von Peter Behrens hielt die moderne Großstadt Einzug am Alexanderplatz.

Die sehr viel weitergehenden Gesamtentwürfe wurden nie vollkommen umgesetzt, dennoch atmete der Alex in den 1930er-Jahren richtige Metropolenatmosphäre.

Sein berlintypisches Schicksal erfuhr der Platz durch die Kriegszerstörungen und die Nachkriegsneubauten der DDR, durch die der Platz zum neuen Zentrum des sozialistischen Berlin werden sollte. Für die Neugestaltung wurden viele ältere Straßenzüge abgerissen, überbreite Magistralen kreuzen sich seitdem hier. Einzig die Behrensbauten »Alexander-« und »Berolinahaus« überdauerten all die Zerstörungen und Umgestaltungen. Heute sind sie Blickfang auf einem nach langen Jahren der Nichtbeachtung endlich im Aufbruch befindlichen Alexanderplatz. Im Rausch der Einheit geschmiedete Hochhauspläne sind jedoch weiterhin nur eine Vision.

Berlin.   Alexanderplatz.

Verkehrsreicher Alexanderplatz, 1908. Der Blick geht Richtung Königstraße (heute Rathausstraße) mit dem Turm des Berliner Rathauses im Hintergrund, davor die Stadtbahntrasse mit dem Bahnhofsgebäude. Im Vordergrund rechts das Kaufhaus Tietz, davor die »Berolina«. Diese Gebäude wurden bei der Neugestaltung in den 1920er-Jahren abgerissen. An deren Stelle befinden sich seitdem das »Alexander-« und das »Berolinahaus«. Die Statue wurde während des Zweiten Weltkrieges eingeschmolzen. Diese Postkarte lief 1908 als Soldatenkarte an den »Musketier Robert Hoppe, 12. Komp., Inf. Regt. 20« in Wittenberg an der Elbe.

Alexanderplatz mit Landsberger Straße, um 1910. Diese Aufnahme zeigt den berühmten Platz in Richtung Norden. Links im Vordergrund ist die »Berolina« zu erkennen, dahinter das imposante »Grand Hotel Alexanderplatz«. Dieses Haus wurde um 1880 erbaut, zu jener Zeit einer der größten und modernsten Hotelbauten der Stadt. Anschließend die Neue Königstraße mit dem Turm der St. Georg-Kirche, die Bildmitte bildet die Landsberger Straße, rechts die Alexanderstraße. Diese Häuserzeilen bildeten den Eingang in die Königstadt, davon ist nichts mehr erhalten.

Unmittelbar bevor die Spreeinsel den Fluss teilt, war die Waisenbrücke die letzte Querung über die Spree. Sie verband die Wallstraße im Süden mit der Neuen Friedrichstraße (Littenstraße) am nördlichen Flussufer. An dieser Stelle gab es schon fast 200 Jahre, bevor 1894 die abgebildete, mit rotem Sandstein verkleidete Konstruktion eröffnet wurde, eine Holzbrücke gleichen Namens. Benannt wurde sie nach dem Großen-Friedrich-Hospital, in dem auch Waisen betreut wurden.

Am Märkischen Platz, unmittelbar neben der Brücke, eröffnete 1908 nach zwölfjähriger Bauzeit das Märkische Museum. Der südliche Bogen der Waisenbrücke wurde von Wehrmachtstruppen 1945 gesprengt, jedoch schon kurz nach Kriegsende provisorisch wiederhergestellt. Nach Fertigstellung der neuen Jannowitzbrücke in unmittelbarer Nachbarschaft entschloss man sich 1960, die Waisenbrücke ersatzlos abzubrechen.

Waisenbrücke und Märkischer Platz, um 1900. Im Hintergrund die Fischerinsel mit der Petrikirche.

Der Berliner Baumwollfabrikant Christian August Jannowitz war die treibende Kraft bei dem Vorhaben, die Luisenstadt und die Stralauer Vorstadt mit einer weiteren Brücke zu verbinden.

1822 konnte die neue hölzerne Spreeüberquerung in Betrieb genommen werden, die wenig später seinen Namen trug und sich im Berliner Verkehrsnetz zu einem wichtigen Knotenpunkt entwickeln sollte.

Über die 1881 neu errichtete stählerne Brücke fuhren die Straßenbahnen, direkt an der Brücke gab es einen stark frequentierten Stadtbahnhof und die 1888 gegründete Berliner Stern Schifffahrtsgesellschaft verkehrte ab Jannowitzbrücke in Richtung Treptow, Müggelsee und Grünau mit den hier stationierten Ausflugsdampfern. In den 1930er-Jahren musste wegen des U-Bahnbaus diese Brücke durch eine Stahlbogenbrücke ersetzt werden.

Diese markante Konstruktion wurde leider im Krieg zerstört und Anfang der 1950er-Jahre von einer vierten, schmucklosen, bis heute bestehenden Brücke ersetzt.

Spree und Jannowitzbrücke, 1902. Aus dem Blickwinkel der Ausflügler, die vom Anleger Jannowitzbrücke ihre Fahrten begannen. Links oben verkehrt ein Dampfzug auf der Stadtbahntrasse.

Jannowitzbrücke mit Dampferstation, um 1900.

Der Tiergarten und Moabit

Kurfürst Friedrich III., wenig später als Friedrich I. zum König in Preußen gekrönt, öffnete den Tiergarten, das einstige kurfürstliche Hofjagdgebiet, um 1700 für die Berliner Bevölkerung. Mit der Umgestaltung dieses Geländes zu einem Landschaftspark wurden der Hofgärtner Justus Ehrenreich Sello und später Peter Joseph Lenné beauftragt. Berlins Einwohner liebten von Beginn an die großzügige Parkanlage, welche sich in ihren Ausmaßen mit dem New Yorker Central Park oder dem Londoner Hyde Park messen kann. Hierher kamen Menschen, um der Enge der Stadt (und der Berliner Polizeigewalt)

zu entfliehen, zum Amüsement, aber auch, um politische Versammlungen abzuhalten. Der Tiergarten war also aus vielerlei Gründen ein gern besuchtes Ausflugsziel vor den Toren der Stadt.

Einzigartig macht ihn seine dramatische Geschichte. Die Nazis missbrauchten den Tiergarten für ihre großspurigen Pläne einer neuen Reichshauptstadt, am Ende ihrer Herrschaft war der Tiergarten ein zerfurchter Acker, auf dem die Berliner in der größten Not nach 1945 Gemüse anbauten, um nicht zu verhungern und Holz schlugen, um nicht zu erfrieren. Bis 1949 stand hier kaum noch ein Baum. Glücklicherweise wurde der

Garten ab 1950 wiederhergestellt und rund eine Million Bäume neu gepflanzt.

Seit der Gründerzeit galten die Straßen rund um den Tiergarten als beliebte, vornehme Wohngegend. Viele Botschaften siedelten sich mit prachtvollen Residenzen hier an. Ministerien und das neue, 1894 eröffnete Reichstagsgebäude sorgten dafür, dass sich der politische Mittelpunkt der Hauptstadt hierher verlagerte. Trotzdem blieb der Tiergarten in erster Linie ein Ort zum Ausspannen. Die vielen Lokale In den Zelten, am Neuen See und »Kroll´s Etablissement« standen für unvergessliche Vergnügungen und Attraktionen.

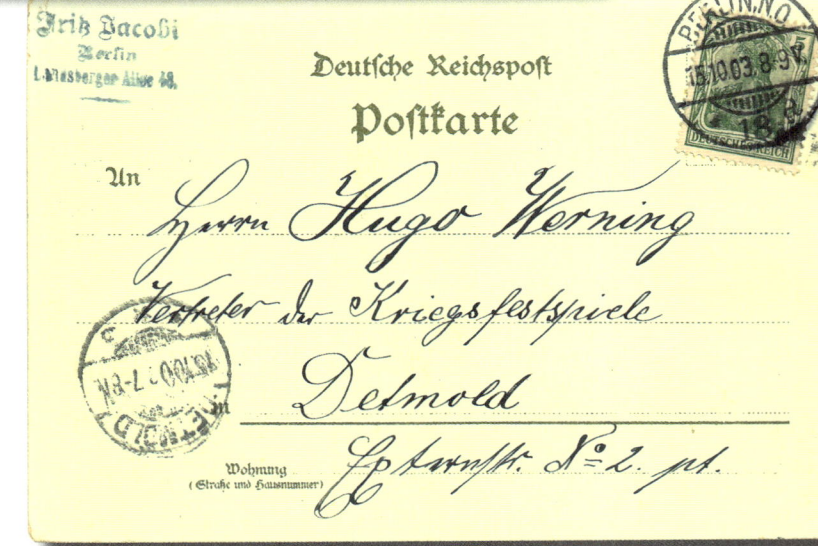

Tiergarten und Siegesallee, 1903. Winteransicht des Tiergartens, den die »besseren Herrschaften« für eine Schlittenpartie entlang der Siegesallee nutzen. Im Vordergrund ein fescher Offizier (zu gern stellte man auf den Lithografien stolz posierende Uniformierte dar) mit Damenbegleitung. Die Siegesallee mit den 32 Statuen aller Regenten von Brandenburg und Preußen gab Kaiser Wilhelm II. 1895 in Auftrag, die Berliner tauften sie in »Puppenallee« um. Sie führte von der damals noch vor dem Reichstag stehenden Siegessäule südwärts bis zum Kemperplatz. Die Postkarte wurde 1903 an Hugo Werning, Vertreter der »Kriegsfestspiele« in Detmold, mit folgender Botschaft versendet: *Ich habe mir im Geschäft das ganze Gesicht mit Schwefelsäure verbrannt und habe 14 Tage im Krankenhaus gelegen, einige Tage konnte ich gar nichts sehen, da war ich gänzlich blind vor Anschwellung des Gesichts, jetzt ist alles wieder allright. Hier ist der Winter eingekehrt (…) Dein Freund Fritz Jacobi, Berlin.*

Gegenüber dem Tiergarten, am nördlichen Spreeufer, lag der alte Lehrter Bahnhof, ein Kopfbahnhof, von dem aus Züge Richtung Hannover verkehrten. Gleichzeitig war der Bahnhof an die Berliner Stadtbahntrasse angebunden. In Betrieb genommen wurde er 1871 mit der Eröffnung der Berlin-Lehrter-Eisenbahn. Diese Trasse verband Berlin auch mit dem Rheinland. Als einer der größten und wichtigsten Fernbahnhöfe der Stadt übernahm er mit der Zeit auch die Nordverbindungen vom benachbarten Hamburger Bahnhof (dessen Gebäude ist der einzig erhaltene Berliner Kopfbahnhof und dient inzwischen als Kunstmuseum).

Trotz starker Kriegsschäden wurde der Lehrter Bahnhof kurzzeitig noch einmal in Betrieb genommen, um dann ab 1957 abgetragen zu werden. Erhalten blieb lediglich die Stadtbahnstation, die jahrzehntelang mitten in einer innerstädtischen Wüste stand. Erst mit dem Bau des neuen Berliner Hauptbahnhofs kam Leben in diese Ecke. Der gigantische, 2006 fertiggestellte Kreuzungsbahnhof löst damit nach knapp 140 Jahren die umständliche Struktur des 19. Jahrhunderts ab, eine echte Berliner Erfolgsgeschichte. Wenn, wie bereits in Ansätzen zu sehen, das bislang brachliegende Umfeld in den nächsten Jahren noch weiter gestaltet wird, bekommt die Stadt hier ein neues Zentrum. Der Name Lehrter Bahnhof blieb aus Respekt an die Vergangenheit im Bahnhofsnamen als Zusatz erhalten.

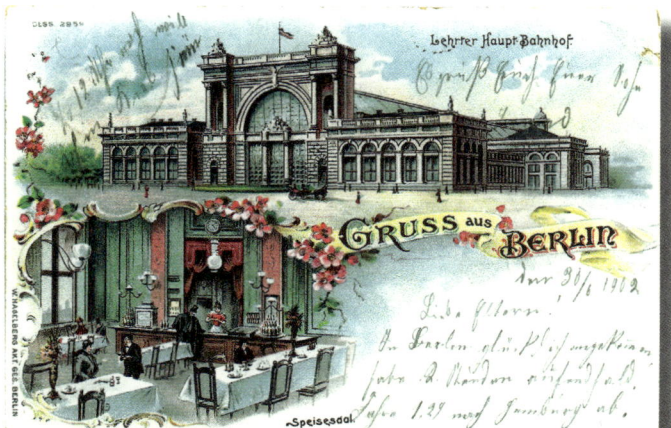

Lehrter Hauptbahnhof, 1902. Die Karte wurde nach Ottendorf-Okrilla in Sachsen verschickt, mit folgender Mitteilung eines Bahnreisenden: *Liebe Eltern! In Berlin glücklich angekommen, habe 2 Stunden Aufenthalt. Fahre 1.29 nach Hamburg ab.*

Reichstagsgebäude und Siegessäule, 1901. Die 1873 eingeweihte Siegessäule stand bis 1939 auf dem Königsplatz vor dem Reichstag. Sie erinnerte an die drei Einigungskriege. Die Nazis versetzten für die »Neugestaltung der Reichshauptstadt« die Säule an den Großen Stern (Ost-West-Achse) und fügten 1940 nach dem Sieg über Frankreich noch ein viertes Säulensegment hinzu. Deshalb wollte die französische Besatzungsmacht aus verständlichen Gründen die Siegessäule 1945 sprengen, dies scheiterte glücklicherweise am Widerstand der anderen Alliierten.

Kroll´s Etablissement, 1902. 1844 entstand dieser Vergnügungspalast etwa an
der Stelle, wo sich heute das Kanzleramt befindet. Das auch als »Krolloper« bezeichnete Haus war ein überaus
beliebter Anlaufpunkt im Tiergarten, hier wurden rauschende Ballnächte gefeiert und viele umjubelte Opern aufgeführt.

Die Straße »In den Zelten«, dicht an der Spree (heute in Höhe Haus der Kulturen der Welt) war ab dem Jahr 1800 der beliebteste Treffpunkt im Tiergarten. Von der preußischen Regierung zunächst nur als Provisorium geduldet, siedelten sich hier eine Reihe von saisonal betriebenen Restaurantzelten an, die nach und nach zu festen Ausflugsgaststätten ausgebaut wurden. Hier traf man sich im Sommer zum Bootfahren, Flanieren und Diskutieren. Der Winter war nicht weniger betriebsam, denn Schlittschuhlaufen auf dem Porzellangraben (1860 zugeschüttet) gehörte zu den beliebtesten Aktivitäten der Berliner.

Die Restaurantzelte gaben sich in der Kaiserzeit patriotische Namen, so befand sich neben dem »Kaiser-Wilhelm-Zelt« das »Kronprinzenzelt« und das »Victoriazelt«. Lediglich »Webers Zelt« und »Kistenmachers Etablissement« (Spreezelt) behielten den alten Namen. Nichts von alldem hat den Zweiten Weltkrieg überdauert, an die Zelttradition erinnerte lediglich das Veranstaltungszelt Tempodrom, das zeitweise hier beheimatet war, oder das bis heute existierende Showetablissement TIPI – Das Zelt am Kanzleramt. Erst im Jahr 1987 wurde der markante Halbkreis des Zeltenplatzes wieder hergerichtet.

Kaiser-Wilhelm-Zelt, 1900.

Kistenmachers Garten, 1899.

Nördlich des Königsplatzes mit Siegessäule und Reichstag befanden sich im so genannten Alsenviertel weitere wichtige Regierungsbauten, Botschaften und herrschaftliche Residenzen. Dieses kleine Gebiet erstreckte sich bis zum Spreeufer, dem heutigen Spreebogen. In westlicher Richtung, nach Moabit, führte die 1891 eröffnete Moltkebrücke aus dem Viertel hinaus. Nahebei erhob sich das Gebäude des Preußischen Generalstabs, dessen langjähriger Chef, Helmuth von Moltke (erfolgreich in mehreren preußischen Kriegen), als Namensgeber der Brücke diente. Die reich verzierte Brücke wurde im Krieg zerstört, danach 1947 provisorisch in Betrieb genommen und 1983 bis 1986 in alter Schönheit wiederhergerichtet.

Vom Großen Stern über die Hofjägerallee gelangt man zur südlichen Grenze des Tiergartens und direkt zum Lützowplatz, der sich hinter der Herkulesbrücke über den Landwehrkanal öffnet. Der begrünte Platz war eine harmonische Anlage mit stattlichen Wohngebäuden, die nach dem Zweiten Weltkrieg vollkommen neu und recht unglücklich bebaut wurde.

Lützowplatz mit Herkulesbrunnen, 1908. Die Abbildung zeigt den Lützowplatz mit der Herkulesbrücke im Vordergrund in südlicher Blickrichtung, im Hintergrund ist die U-Bahnhofskuppel vom Nollendorfplatz auszumachen.

Moltkebrücke und Generalstab, um 1910. Links befanden sich unter anderem die türkische und die österreichisch-ungarische Botschaft. Im Hintergrund das Reichstagsgebäude, die einzige Konstante zur Gegenwart. Heute befinden sich hier die Neubauten der Bundesregierung.

Moabit, der traditionsreiche Arbeiterkiez, schließt sich nördlich der Spree an den Tiergarten an. Dieses zunächst von Industrie und später von billigen Mietskasernen geprägte Viertel ist bis heute eine kleine eigene Welt geblieben.

Besonders ist seine Insellage, denn nach Moabit hinein gelangt man nur über eine der 25 Brücken über Spree, Berlin-Spandauer Schifffahrtskanal, Westhafenkanal und Charlottenburger Verbindungskanal. Teile der gründerzeitlichen Bebauung sind bis heute erhalten; das einstige Arbeiterviertel ist heute immer noch ein quirliger Kiez der »kleinen Leute«. Die zentrale Lage Moabits lockt aber auch zunehmend zahlungskräftige Neuankömmlinge hierher.

Einen Blick in das Moabit um 1900 bieten die beiden folgenden Ansichten:

Berlin-Moabit N.W.   Gotzkowskystrasse.

Moabit, Gotzkowskystraße/Ecke Turmstraße. Die Gotzkowskystraße zeigt stellenweise noch geschlossene Reihen erhaltener Gründerzeitfassaden. Für den interessierten Beobachter ist dieser Anblick trotz unübersehbarer Armut der Bewohnerschaft und des Sterbens der traditionellen Geschäfte eine Freude. Die abgebildete Kreuzung hat sich allerdings sehr zum Nachteil entwickelt. Bei allen diesen Gebäuden fehlt der gründerzeitliche Fassadenstuck, das Eckgebäude besitzt seit dem Krieg nur noch zwei Etagen

Moabit, Kirchstraße. Blick von der Moabiter Brücke in Richtung St. Johannis Kirche, in der Kirchstraße ist allerdings wenig von der hier abgebildeten Bebauung erhalten. Die Brücke selber ist in alter Schönheit zu bewundern und bietet einen überraschenden Blick auf das im Jahr 2000 auf dem ehemaligen Gelände der Meierei Bolle neu entstandene Gebäude des Bundesinnenministeriums, das bis 2015 in einen zweihundert Millionen Euro teuren Neubau hinter dem Kanzleramt ziehen soll.

Berlin-Moabit N.W.   St. Johannis - Kirche.   Kirchstrasse.

Das berühmteste Gebäude in Moabit ist zweifellos das Kriminalgerichtsgebäude mit dem angrenzenden Untersuchungsgefängnis. An der Ecke Turmstraße/Rathenower Straße entstand zunächst zwischen 1877 und 1882 das erste Kriminalgericht mit dem markanten, an einen Kopfbahnhof erinnernden, Doppelturmportal. 1906 wurde ein riesiger Neubau angefügt, der bis heute bestehende Gerichtskomplex. Dieses berüchtigte Gebäude galt bei seiner Errichtung als »kaiserlicher Faustschlag in das Gesicht der Arbeiterschaft«, da es wie ein Schlachtschiff der Obrigkeit in das Rote Moabit hineinfuhr. Schon das imposante Treppenhaus war auf Einschüchterung und Ehrfurcht hin konzipiert. Das größte Gerichtsgebäude Europas (allein zwölf Innenhöfe) war Berlins erstes mit elektrischem Licht ausgestattetes Gebäude. Zu Berühmtheit kam das Gericht auch durch seine spektakulären Strafprozesse, unter anderem musste sich hier auch Wilhelm Voigt alias »Hauptmann von Köpenick« verantworten. Das abgebildete erste Gerichtsgebäude wurde nach dem Krieg abgerissen, an dieser Ecke befindet sich heute die Justizvollzugsanstalt Moabit.

Kriminalgericht Moabit, 1906 mit Adressseite. Innerhalb Berlins an Frl. Marie Lademann, Matthieustraße 1, S. 42; vielleicht aus der Haft gesendet?

Das damalige Moabit grenzte im Norden an ein weitgehend ungenutztes Waldgebiet, die Jungfernheide. Anders als heute breitete sich die Jungfernheide ohne bauliche Beeinträchtigungen zwischen Moabit, Charlottenburg, Tegel und Spandau aus. Einzig die unvermeidliche militärische Nutzung war allerorten zugegen. Unmittelbar am Plötzensee, dem beliebten Ausflugsziel der Moabiter Bevölkerung, begannen schon Schießstände verschiedener Regimenter, sogar eine Militärbadeanstalt gab es hier.

Am südlichen Seeufer jedoch herrschte Frohsinn in zahlreichen Wirtshäusern,

etwa im Moabiter »Schützenhaus«. Hier fand der Sonntagsausflügler einen Saalbau mit Platz für 1 500 Personen, einen Sommergarten für bis zu 5 000 Besucher, einen Lunapark für Kinder, Schieß- und Trödelbuden, die gesamte Palette des Amüsierbetriebes. Sommernachtsbälle, Konzerte und Gartenfeste bildeten damals Höhepunkte im Ausflugsbetrieb. Aus dem »Schützenhaus« wurde 1952 ein Altersheim.

Am heutigen Hohenzollernkanal, etwa Ecke Saatwinkler Damm/Friedrich-Olbricht-Damm, gab es damals mit dem »Carlshof« ein weiteres bedeutendes Aus-

flugslokal an der Jungfernheide. Der Besitzer der hiesigen Großen Berliner Eiswerke, Carl Thater, öffnete seine Natureisproduktionsstätten außerhalb der Eissaison für Besucher.

Diese geniale Idee fand großen Anklang in der Hauptstadt und das Publikum strömte zahlreich hierher, um auf den Eisteichen zu rudern, unter neu entstandenen Laubengängen zu flanieren und den allseits beliebten Rummelvergnügungen zu frönen. Das Ende dieser Idylle kam mit der sich ausbreitenden Stadt, hier dominiert schon seit langem die industrielle Nutzung.

Moabiter Schützenhaus, 1904.

Etablissement Carlshof, 1902. Darauf folgender sehnsuchtsvoller Gruß: *Liebe Lina, viele Grüße aus diesem schönen Gartenlokal sendet Dir Dein Bruno. Sitze hier so recht verlassen und allein, vermisse dich sehr, könntest du nur bei mir sein*, versandt nach Greiz.

Neue Stadtviertel im Norden, Osten und Südosten

Nördlich, östlich und südöstlich um den historischen Kern der Stadt gruppierten sich ab dem 19. Jahrhundert bis hinaus zur Ringbahn besonders dicht besiedelte, schnell hochgezogene, neue Ortsteile. Gebaut wurden hier endlose Blöcke der berüchtigten Mietskasernen, gespickt mit zahlreichen Brauereien, Fabriken, Großbäckereien, Gasanstalten, dem großen Schlachthof und ähnlichen für die Versorgung der Metropole unerlässliche Einrichtungen. Wegen der vorherrschenden Windverhältnisse befand sich der Großteil dieser geruchsintensiven Betriebe hier an der östlichen Stadtflanke. Demzufolge wohnte in den Mietskasernen des Nordens, Ostens und Südostens auch mehrheitlich die einfache Arbeiterschaft. Lediglich der Humboldthain und der Volkspark Friedrichshain boten ein wenig Abwechslung in der beklemmenden Enge dieses Häusermeers. Mit dem Stettiner, dem Schlesischen und dem Görlitzer Bahnhof befanden sich auch einige wichtige Verkehrsknotenpunkte in diesem Bereich. Dieser Abschnitt entspricht in etwa den heutigen Stadtvierteln Wedding, Gesundbrunnen, Prenzlauer Berg, Friedrichshain und Teilen von Kreuzberg.

Vom Stettiner Bahnhof, einem der wichtigen Kopfbahnhöfe der Stadt, verkehrten die Züge nach Norden und Nordosten, neben Stettin wurden hauptsächlich Stralsund, Rostock, Lübeck und Danzig per Zug mit der Hauptstadt verbunden. Das Bahnhofsgebäude wurde 1876 für die schon seit 1842 betriebene Strecke neu errichtet. Nach dem Zweiten Weltkrieg geriet der Bahnhof wegen seiner zwischen den Sektorengrenzen liegenden Anschlussgleise zunehmend ins Abseits. Die DDR-Führung gab der Station den bis heute geltenden Namen Nordbahnhof und ließ das beschädigte Bahnhofsgebäude ab 1955 abreißen. Sechs Jahre später wurde das Gelände im Zuge des Mauerbaus von Grenzanlagen durchzogen. Lediglich der unterirdische S-Bahnhof gleichen Namens verrät heute noch etwas von der einstigen Bahngeschichte.

Stettiner Bahnhof, um 1900.

Das Gesundbrunnenviertel entlang der Bad- und Brunnenstraße war von vielfältiger industrieller Nutzung gekennzeichnet, die AEG hatte ihre ersten Produktionsstätten an der Brunnenstraße, benachbart die Berliner Maschinenbau AG und weitere, besonders metallverarbeitende Betriebe. Nördlich des Humboldthains, an der Badstraße zwischen Hoch- und Pankstraße, befand sich die abgebildete Brauerei Karl Gregory AG mit dem benachbarten Volksgarten.

Vieles ist nach Kriegszerstörungen und Industrieabwanderungen neu bebaut worden, von der einst berühmten AEG-Fabrik gibt es heute lediglich ein Eingangstor an der Brunnenstraße und eine schöne Halle von Peter Behrens um die Ecke an der Hussitenstraße zu bewundern. Nördlich der Bahngleise an der Badstraße bis hin zur Panke gibt es einige sehenswerte historische Fassaden zu entdecken, dieser Abschnitt besticht zudem durch seine Lebendigkeit.

Eine ungewöhnliche Nachbarschaft bildeten vier große Brauereien etwas weiter östlich zwischen Schönhauser Allee und Prenzlauer Allee. Die Pfefferberg-, Bötzow-, Weissbierbrauerei sowie die Aktienbrauerei Königstadt prägten das Viertel vor dem Schönhauser und Prenzlauer Tor. Teilweise sind die Braustätten noch erhalten, so gibt es für die abgebildete Bötzow-Brauerei schon seit vielen Jahren bislang unausgeführte Pläne, die leer stehenden Fabrikbauten neu zu nutzen. Gegenüber hat man es bei

Brauerei Karl Gregory, 1901.

der riesigen Backfabrik (Saarbrücker Straße) schon geschafft, mit vielseitiger kreativer Nutzung historische Industriegebäude neu zu beleben. Ein ebenfalls gelungenes Projekt stellt der Umbau der früheren Schultheiss Brauerei etwas weiter nördlich dar. Hier gelang es, mit der heutigen Kulturbrauerei eine sogar über die Stadt hinaus bekannte Veranstaltungsstätte zu etablieren.

Weiter östlich, am Friedrichshain, produzierte die Actienbrauerei Friedrichshain unweit der Greifswalder Straße. Von dieser Braustätte existieren nur noch wenige Nebengebäude. Der überwiegende Teil des Geländes, auf dem sich früher der ausgedehnte Konzertgarten und der Saalbau erstreckten, ist mit neuen, ansprechenden Wohnhäusern bebaut worden. Gleich gegenüber der früheren Brauerei beginnt der besonders im Osten der Stadt gern besuchte Volkspark Friedrichshain, nur wenige Schritte entfernt stößt man von hier direkt auf den sehenswerten, 1913

eröffneten Märchenbrunnen. Damit lag die Brauerei ideal am Parkeingang und konnte

die zahlreichen durstigen Parkbesucher bestens versorgen. Der Park entstand ab 1840 als erste kommunale Grünanlage Berlins.

Im Zweiten Weltkrieg wurde mitten in diese Grünflächen hinein einer der vier großen Berliner Flakbunker errichtet und natürlich entsprechend bombardiert. Dabei wurde zwar der Baumbestand fast vollständig, der Bunker jedoch überhaupt nicht zerstört. Nach Kriegsende gesprengt, schüttete man über den Bunkerresten später einen Trümmerberg auf, der anschließend gärtnerisch neu gestaltet wurde.

Brauerei Julius Bötzow, 1904.

Conzert Etablissement der Actienbrauerei Friedrichshain, 1901.

Concordia Festsäle, 1901. Folgender Gruß nach Chemnitz befindet sich auf dieser Postkarte:

Lieber Richard – sind heute zum Alpenfest in den Concordia Sälen und senden Dir von hier aus die besten Grüße.

Südlich der Frankfurter Straße (heute Karl-Marx-Allee) befanden sich an der Andreasstraße die »Concordia Festsäle«, eine renommierte Adresse für verschiedenste Festivitäten. Auch die Berliner Sozialdemokraten nutzten diese Räume häufig. Das gesamte Viertel, in dem sich auch eine Markthalle und mehrere kleine Theater befanden, ist komplett verloren, zwischen Karl-Marx-Allee und Holzmarktstraße gibt es nun fast ausschließlich wenig ansprechende Nachkriegsbebauung.

Berlins größter Durchgangsbahnhof war seit 1882 der im Zuge des Stadtbahnbaus umgebaute Schlesische Bahnhof, nun als wichtiger Haltepunkt auf Europas Ost-West-Trasse gelegen. Seit diesem Ausbau befuhren unter anderem Züge aus Paris in Richtung Polen und Russland die Stadtbahn quer durch Berlin, hielten am Bahnhof Friedrichstraße und hier am Schlesischen Bahnhof. Die wichtigsten Bahnverbindungen in Richtung Osten, beispielsweise nach Breslau und Kattowitz, Danzig, Königsberg, Posen oder Warschau verkehrten ab hier. In die Stadtgeschichte ist der Schlesische Bahnhof auch durch sein zwielichtiges Umfeld, einem Sumpf aus Gangsterkaschemmen, Bordellen und billigen Hotels, eingegangen. Einzigartig ist auch die Liste der Namensänderungen dieser Station: Erbaut als Kopfbahnhof der Frankfurter Bahn, erhielt er 1842 den Namen Frankfurter Bahnhof, mit dem Umbau 1882 kam der neue Name Schlesischer Bahnhof, diese Bezeichnung war der DDR-Führung wegen der neuen Ostgrenzen suspekt, daher hieß er ab 1950 Ostbahnhof (vergleichbar mit dem Stettiner Bahnhof, aus dem der Nordbahnhof wurde). Als diese Station anlässlich des 750-jährigen Berliner Stadtjubiläums 1987 aufpoliert wurde, kam mit Berlin Hauptbahnhof gleich ein passender Titel hinzu.

Ein erneuter Umbau während der Sanierung der Stadtbahntrasse bis 1998 führte zu einer neuen Gewichtung dieses Bahnhofes. Auch im Hinblick auf den damals bereits geplanten und inzwischen vollendeten neuen Hauptbahnhof in Berlins Mitte führt die hier gemeinte Station nun seitdem ein zweites Mal den Titel Ostbahnhof.

Das verruchte Bahnhofsviertel ist vollständig verloren gegangen, im Umfeld dominieren billige Kioske, vielgeschossige, monotone Neubauten und Straßen ohne jeden Aufenthaltswert. Lediglich die nahe East Side Gallery und einige Konzertstätten wie der historische Postbahnhof sorgen für städtisches Leben.

Schlesischer Bahnhof, 1904.

Nur wenige Schritte in nördlicher Richtung, am Küstriner Platz, stand der der ursprüngliche Berliner Ostbahnhof. Dieser Kopfbahnhof bildete seit 1867 den Ausgangspunkt der Königlich Preußischen Ostbahn.

Nach Eröffnung der Stadtbahntrasse übernahm der benachbarte Schlesische Bahnhof auch den Verkehr der Ostbahn. Auf den unzähligen Gleisanlagen der Ostbahn wurde seitdem vor allem der Güterverkehr abgewickelt.

Das stillgelegte Bahnhofsgebäude wurde 1929 zum »Varieté Plaza« umgebaut, einem Theater mit 3 000 Plätzen für die im Kiez lebende Arbeiterschaft. 1944 versank der Küstriner Platz mit dem Bahnhof im Bombenhagel, nach Kriegsende wurde der heutige Franz-Mehring-Platz mit vielgeschossigen Einheitsbauten wenig einladend neu erschaffen.

Küstriner Platz mit Ostbahnhof, 1904 nach Cuxhaven versendet.

Über die hier sehr breite Spree führt Berlins eindrucksvollste Brücke, die 1894 bis 1896 errichtete Oberbaumbrücke, die die Stadtteile Friedrichshain und Kreuzberg verbindet. Seit 1902 verkehrt auf der oberen Ebene Berlins erste Hoch- und U-Bahnlinie. Das markante Bauwerk wurde noch in den letzten Kriegstagen auf Hitlers Anweisung gesprengt. Dabei wurden die Türme stark beschädigt und der Mittelteil der Brücke zerstört. Im Nachkriegsberlin diente die provisorisch wiederhergestellte Brücke als Verbindung zwischen dem sowjetischen und dem amerikanischen Sektor der Stadt, reger Tauschhandel und Schwarzmarktgeschäfte zogen die Menschen aus der Umgebung an. Mit dem Mauerbau 1961 fiel diese Verbindung in einen Dornröschenschlaf, aus dem sie erst nach der Wiedervereinigung erweckt wurde. Von 1992 bis 1994 wurde die Brücke rekonstruiert und mit einem modernen Mittelstück komplettiert, seit 1995 fährt auch die U-Bahn wieder hinüber nach Friedrichshain.

Oberbaumbrücke mit Hochbahn, 1902. Blick zur Station Stralauer Tor, die heute nicht mehr existiert, Endbahnhof ist heute die Station Warschauer Straße etwas weiter nördlich.

Der erste Bahnhof auf Kreuzberger Seite der Brücke ist die Hochbahnstation Schlesisches Tor. Die burgartig gebaute Haltestelle hat sich, ebenso wie die Straßenzeile, fast unverändert bis in die Gegenwart erhalten. Lediglich die entlang der Gitschiner und Skalitzer Straße parallel zur Hochbahn verkehrende Straßenbahn existiert nicht mehr. Interessanterweise hat man bei der Wiederherstellung der Oberbaumbrücke in den 1990er-Jahren gleich Straßenbahngleise mit hineingelegt, um eine eventuelle neue Trasse zu ermöglichen, seitdem ist allerdings keinerlei Aktivität hinsichtlich der Tramerneuerung erkennbar.

Hochbahn am Schlesischen Tor, 1909. Die unterschiedlichen Farben der Bahn kennzeichneten die verschiedenen Klassen der entsprechenden Waggons. Die Postkarte ging an ein kleines Fräulein Helena in der Villa Anna Lena im Ostseebad Swinemünde, die dort sicher ihre Sommerferien verbrachte, von ihrem in Berlin verbliebenen Vater.

Die Stadt Berlin als preußische und deutsche Hauptstadt verfügte über zahlreiche Kasernen, besetzt mit den verschiedensten Garderegimentern damaliger Waffengattungen. Das Militär besaß einen überaus hohen Stellenwert in der wilhelminischen Gesellschaft. Allerorten wurde aufgerüstet, um den Anspruch Deutschlands als wichtigste Macht in Europa zu untermauern, vor allem gegen die Kolonialmächte Großbritannien und Frankreich. Die vielen Kasernen sollten aber auch die aufmüpfigen Berliner beindrucken und Aufruhr wie einst während der Märzrevolution von 1848 unterbinden. Eine der zahlreichen Kasernen befand sich an der Blücherstraße; dort war das Zweite Garde-Dragoner-Regiment stationiert. Zwischen Blücher-, Baerwald- und Gneisenaustraße lag dieser Komplex, der heute vollkommen neu bebaut ist, nichts deutet auf den einstigen Kasernenbetrieb hin. Ein zumindest teilweise erhaltender, ähnlicher Kasernenbau befindet sich jedoch unweit von hier am Mehringdamm, der früheren Belle-Alliance-Straße. Die einstige Heimat des Ersten Garde Dragoner Regiments beherbergt heute das Finanzamt Kreuzberg.

Kaserne des 2. Garde-Dragoner-Regiments, 1903. Darauf folgender Gruß eines dortigen Rekruten an seine Eltern in der Nähe von Neustadt/Dosse, leider ist nicht alles zu entziffern: *Liebe Eltern. Ihr könnt mir die Kiste wieder schicken, denn es wird nun sachte wieder alle. Alma und Otto wollten mich ja mal besuchen. Alma wollte ja immer mal unsere Kaserne ansehen (...) könnten ja mal sonntags kommen wenn es nicht zu teuer wird. Viele Grüße Euer Sohn.*

Die Soldaten konnten ihren Durst in den auch in diesem Teil Berlins zahlreichen Brauereien stillen. An der Hasenheide/Ecke Graefestraße befand sich Happoldts Brauerei und direkt daneben an der Ecke Jahnstraße die Berliner Unionbrauerei. Beide Braustätten sind fast vollkommen in Vergessenheit geraten, es gibt keinerlei bauliche Spuren dieser Betriebe.

Happoldts Brauerei, um 1900.

Berliner Bock Brauerei, um 1900.

Nördlich vom Tempelhofer Feld, also unmittelbar an der südlichen Stadtgrenze, gab es einen weiteren Brauereischwerpunkt im heutigen Kreuzberg. Am Südhang des Kreuzbergs befand sich die »Schultheißbrauerei auf Tivoli«, gegenüber auf der östlichen Seite des heutigen Mehringdamms am Tempelhofer Berg die abgebildete »Berliner Bock Brauerei« und benachbart davon unweit des Chamissoplatzes stand einst »Habel´s Brauerei«. Alle drei Braustätten sind in Teilen erhalten, die »Bockbrauerei« und »Habel´s Brauerei« existieren heute als Gewerbehöfe mit vielfältiger Nutzung. Die ebenfalls stillgelegte »Schultheiß-Brauerei« ist seit 1999 als »Viktoriaquartier« neu etabliert worden, an dieser Stelle entstand und entsteht ein Mix aus Wohnen, Arbeiten und Kultur.

Der Kreuzberg bildete den südlichen Abschluss des kaiserlichen Berlin, ein Hügel mit dem damals schönsten Panoramablick auf die Stadt.

Darauf errichtete Karl Friedrich Schinkel im Jahre 1821 ein National-denkmal zur Erinnerung an die Befrei-ungskriege. Der Victoriapark mit dem künstlichen Wasserfall (gestaltet nach Vor-bild der Heynfälle im Riesengebirge) wurde 1888 fertig gestellt und gehörte damals zu den wichtigsten Sehenswürdig-keiten der Stadt.

Mit dem Victoriapark hat sich ein schönes Stück des wilhelminischen Berlin erhalten, eine grüne Oase der Ruhe im quirligen Bergmannkiez. Auf der Postkarte ist neben dem Wasserfall auch die »Berolina«-Figur mit aus-gestreckter Hand zu sehen, ein im Bewusstsein vieler Berliner leider unbe-kanntes einstiges Stadtsymbol.

»Berolina« verkörperte als weibliche Figur die Stadt Berlin, sie stand auf dem Alexanderplatz, bis die Nazis sie 1944 einschmolzen und für ihren ver-brecherischen Krieg opferten.

Victoriapark, 1902. Die Karte wurde 1902 nach Kiew versendet.

Berolina

Poſtkarte

An

Herrn Max Bohrmann.

in Kiew. Süd-Russland.
Shiljanskaja № 12. Kv. 13.

Wohnung
(Straße und Hausnummer)

Der neue Westen und Charlottenburg

Mit der neuen Hoch- und Untergrundbahnlinie gelangte man seit 1902 direkt in die neu entstandenen Prachtstraßen im Westen der Stadt. Ab dem Nollendorfplatz nach Westen entstanden in wenigen Jahrzehnten eine große Anzahl repräsentativer Straßenzüge mit großzügig geschnittenen Wohnungen, modernen Cafés und zahlreichen Vergnügungsstätten, gedacht für die zahlreichen finanziell bessergestellten Bewohner der Stadt. Mit der Tauentzienstraße und besonders dem Kurfürstendamm entstanden neue weltstädtische Boulevards, die dem historischen Stadtzentrum in Mitte den Rang streitig zu machen begannen. Die Stadt erfand sich neu am Kurfürstendamm.

In den »Goldenen Zwanzigerjahren« war es dann so weit, nun schlug hier das neue Herz der Stadt. Der breite Boulevard mit der einzigartigen Caféhauskultur zog das Großstadtpublikum magisch an: Da saßen Schulreformer neben Schwarmgeistern, abseitige Liebespaare neben Neutönern, Genies neben Pumpgenies, Revolutionäre neben Taschendieben, Morphinisten neben Gesundheitsaposteln, Mäzene, die ihr Geld ausgaben, neben jungen Mädchen, die sich hingaben, so Hermann Kesten über das »Café des Westens« 1913.

Das »Romanische Café« mit legendärem Status befand sich vor dem Krieg an der Stelle des heutigen Europa Centers, »Café Kranzler«, der »Gloria Palast« mit Kino, »Café Trumpf« oder das »Eden Hotel« waren die großen Anlaufpunkte, bevor der Exodus der Literaten, Künstler und Filmleute dieses Viertel nach 1933 seiner Magie beraubte.

Im Nachkriegs-Westberlin konnte sich der Kurfürstendamm trotz Zerstörungen nochmals zum Weltstadtboulevard entwickeln, die zahlreichen Kinos, einige Theater und Restaurants sorgten für allabendlichen Trubel. Mit dem Sterben der traditionellen Kinosäle befindet sich der Boulevard seit den 1990er-Jahren, auch durch die neue Konkurrenz im ehemaligen Ostteil, wieder einmal im Umbruch.

Nollendorfplatz mit Hochbahnhof, 1903. Der Platz wurde zur Kaiserzeit als Schmuckplatz mit gepflegten Grünanlagen und einer der schönsten Hochbahnstationen in der Platzmitte für die wohlhabende, oft künstlerisch tätige Bewohnerschaft angelegt. Die südliche Platzseite dominiert seit 1906 das ehemalige »Neue Schauspielhaus«, später als »Metropol« eine Institution in Westberlin und nun als »Goya« eine Partyadresse. Sonst gibt es nicht mehr viel Sehenswertes an dem Platz, der unter Zerstörung und planlosem, autogerechten Neuaufbau sehr gelitten hat. Seit 1999 erhebt sich wieder ein am historischen Vorbild orientierter Kuppelbau über dem Bahnhof, als ein erstes gelungenes Zeichen für einen der Bedeutung des Platzes angemessenen Wiederaufbau. Südlich des Nollendorfplatzes in der Maaßenstraße und dem sich anschließenden Winterfeldtplatz trifft sich heute das Szenepublikum.

Auf dieser Ansichtskarte gibt es folgenden Gruß an ein Fräulein Lisbeth Thielseh in Dresden: *Liebes Fräulein! Wie geht es Ihnen? Mir gefällt die Schneiderei soweit ganz gut, nur bin ich zu ungeduldig. Bei uns ist noch einmal ein starker Winter, in der Nacht von Sonntag zu Montag hat es so geschneit, dass der Schnee fußhoch liegt (...) Am Sonntag war ein orkanartiger Sturm (...) [Poststempel vom 21. April 1903!]. Herzlicher Gruß Ihre Martha Mayer. Erwidere bestens dankend die Grüße von Ihrem Herrn Bräutigam.*

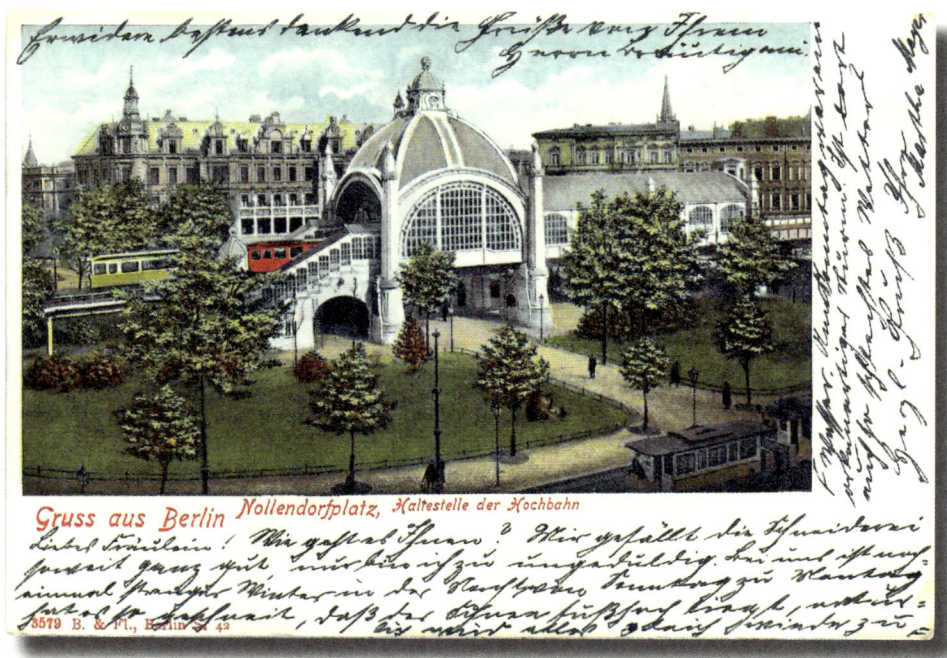

Wittenbergplatz mit KaDeWe und Tauentzienstraße, 1908. Der quadratische Wittenbergplatz folgt dem sternförmigen Nollendorfplatz westwärts entlang der Kleiststraße und der Hochbahntrasse, die zwischen den beiden Stationen zur Untergrundbahn wird. Die damals eigenständige, wohlhabende und sehr selbstbewusste Stadt Charlottenburg (zu der die südliche Seite der Tauentzienstraße und der größte Teil des Kurfürstendamms gehörte) hatte aus optischen Gründen auf einer unterirdischen Verlegung der Trasse bestanden, um die zahlungskräftigen Käufer und Mieter entlang der Prachtstraßen nicht durch ratternde Hochbahnzüge zu verschrecken.

Das Kaufhaus des Westens am Wittenbergplatz gab es zu diesem Zeitpunkt seit genau einem Jahr (auf der Abbildung links im Vordergrund). Mit seiner Eröffnung 1907 wurde eine weitere Berliner

Institution geboren, die glücklicherweise auch als einziges der großen Kaufhäuser den Krieg (wenn auch beschädigt) überstanden hat, während der Platz und die Tauentzienstraße im Schutt versanken. Zierde des Wittenbergplatzes ist heute der U-Bahnhof, der noch das Flair der Gründerzeit ausstrahlt und wohl zu Recht als der schönste der Stadt gilt.

Tauentzienstraße mit Kaiser-Wilhelm-Gedächtnis-Kirche, 1907. Die reichverzierten Gründerzeitfassaden auf dieser Ansicht (an den jungen Baumreihen erkennt man, dass die neue Straße erst kurz zuvor fertiggestellt worden war) sind im Zweiten Weltkrieg fast ausnahmslos zerstört worden. Aber die nach einem preußischen General (Teil des damals neu angelegten, von Kreuzberg bis Charlottenburg reichenden »Generalszugs« mit Gneisenau-, Yorck-, Bülow-, Kleist-, Tauentzien- und Hardenbergstraße) benannte Straße wurde nach dem Krieg als Einkaufsstraße neu aufgebaut, bis heute ist sie die meistfrequentierte Einkaufsstraße der Stadt.

Dem expandierenden Berliner Westen wurde im 18. Jahrhundert der nördliche Teil des Gemeindegebietes von Schöneberg zugeschlagen, nachdem auch hier im großen Stil neuer Stadtraum erschaffen worden war. In diesem Gebiet siedelten sich besonders Beamte, Militärs und Pensionäre an. Trotz der kriegsbedingten Zerstörungen hat der Schöneberger Norden bis heute einige charmante Straßenzüge zu bieten, die beispielsweise am Winterfeldtplatz oder am Victoria-Luise-Platz zusammenlaufen. Besonders der Victoria-Luise-Platz strahlt durch das gepflegte Rondell mit dem Brunnen eine wohltuende Behaglichkeit aus, obwohl die kriegs- und nachkriegs-

bedingten Verluste einst schmuckvoller Fassaden schmerzen. In den 1970er-Jahren erhielt der Platz seine historische Gestalt zurück, die Fontäne wurde erst 1994 wieder in Betrieb genommen.

Der Bayerische Platz als Zentrum des Bayerischen Viertels wurde 1908 als weiterer Schmuckplatz im Schöneberger Norden errichtet. In diesem Viertel lebten zahlreiche jüdische Bewohner, über deren tragisches Schicksal während der Nazizeit auf Gedenktafeln rund um den Platz erinnert wird. Der Platz selbst hat viel von seinem Glanz eingebüßt, die Nachkriegsbebauung und die verkehrsreiche Grunewaldstraße sorgen hier für wenig Aufenthaltsfreude.

Besonders durch den Wochenmarkt und die umliegende Kneipenszene ist der langestreckte Winterfeldtplatz heute ein Begriff. Errichtet wurde er um 1890 mit einheitlichen gründerzeitlichen Häusern, deren Mitte die St. Matthias-Kirche bildet. Durch den Krieg ging viel von der homogenen Bebauung verloren, die Kirche büßte ihre einst 93 Meter aufragende Haube ein, wurde aber in vereinfachter Form wieder rekonstruiert. Am Platz gibt es zahlreiche Neubauten, trotzdem verfügt er aber auch heute noch wegen der aktiven, aus dem alternativen Milieu stammenden Bewohnerschaft und der umliegenden Kneipen über ein anziehendes Flair.

Winterfeldtplatz, 1908.

Victoria-Luise-Platz, 1909.

Bayerischer Platz, 1910.

Restaurant Tauentzien, 1900. Dieses Lokal befand sich im ebenfalls durch Bomben zerstörten Gebäudekomplex Tauentzienstr. 18/Ecke Nürnberger Straße.

Kurfürstendamm/Ecke Joachimstaler Straße, 1912.

Charlottenburg. Joachimstalerstr., Ecke Kurfürstendamm.

Die Kreuzung des Kurfürstendamms mit der Joachimsthaler Straße ist einer der Punkte, an denen Berlin sich ständig verändert. Zur Kaiserzeit dominierten hier die stuckverzierten Wohn- und Geschäftsbauten. Nach den Kriegszerstörungen wurde das Eckgrundstück im Vordergrund zunächst mit einem dreigeschossigen Flachbau gefüllt, in den 1970er-Jahren entstand hier das damals hochgelobte »Ku'damm-Eck«. Dieser massige Baukörper musste schon nach rund 30 Jahren dem heutigen, hochaufragenden Hotel- und Geschäftshaus weichen. Beibehalten wurde die riesige Videowand, die diese Ecke beherrscht. Einzig das gegenüberliegende Eckgebäude ist bis heute erhalten geblieben. Die nordwestliche Ecke (auf der historischen Abbildung links) nimmt der berühmte Nachkriegsflachbau des »Café Kranzler« ein, der vor wenigen Jahren zum »Neuen Kranzler Eck« umgebaut wurde.

Der Kurfürstendamm führt auf seinen dreieinhalb Kilometern Länge aus dem Großstadttrubel direkt hinaus nach Halensee, dem Eingang zum Grunewald. Die großstädtische Bebauung setzte ab 1850 ein, beginnend von der Innenstadt aus entstand eine lange Reihe großzügiger, prächtiger Wohnhäuser. Schon 1886 war die auf 53 Meter Breite festgelegte Flaniermeile fertig gestellt. Damals begann der Ku'damm direkt am Landwehrkanal (heute Budapester Straße). Schon in den Jahren vor dem Ersten Weltkrieg etablierte sich diese Straße zum Boulevard des neuen Westens, und begann, dem historischen Boulevard Unter den Linden den Rang als Nummer Eins der Stadt streitig zu machen.

Kurfürstendamm vor Halensee, 1906.

An der heutigen Budapester Straße befindet sich seit 1844 der Eingang zu Deutschlands ältestem Zoo, der aus seiner einstigen Randlage nun in die Mitte der City-West gerückt ist. Das 35 Hektar große Gelände, das sich über den Landwehrkanal zum Tiergarten öffnet, entzückte die Berliner mit zahlreichen überraschend exotischen Gebäuden, die als fantasievolle Tierunterkünfte errichtet wurden. Der Zoo gehörte schon um 1900 zu den großen Wochenendzielen der Familien, das einstige Zoo-Restaurant sogar zu den weltweit größten Restaurantbetrieben.

Hier konnten gleichzeitig 10 000 Menschen in den Sälen und nochmal 20 000 Gäste auf Terrassen und im Garten bewirtet werden (1943 zerstört, heute befindet sich an dieser Stelle das Dorint-Hotel, das bis vor kurzem Inter-Continental hieß). Für regelmäßigen Massenansturm auch des einfachen Volkes sorgte damals der legendäre »billige Sonntag« im Zoo, der Generationen von Berlinern vertraut war.

Der Zweite Weltkrieg hat natürlich auch die Geschichte des Berliner Zoos einschneidend verändert. Der Zoo ist so stark bombardiert worden, dass nur 91 Tiere den Krieg überlebten und fast alle Gebäude zerstört waren.

Wie so oft im Nachkriegsberlin begann der Aufbau auch hier wieder »bei Null«. Daher darf die seither überaus erfolgreiche Entwicklung dieses Zoos wirklich bestaunt werden. Einige seiner Bewohner sind zu internationalen Publikumslieblingen geworden, wie beispielsweise das legendäre Nilpferd Knautschke (1988 verstorben), die Pandabären oder jüngst der vor kurzem verendete Eisbär Knut.

Zoologischer Garten mit Elefantenhaus und Neptunteich, um 1900.

Direkt hinter dem Zoo begann die bis 1920 selbstständige Stadt Charlottenburg, einst wohlhabendste Stadt und schon um 1890 nach Berlin auch zweitgrößte Stadt der Provinz Brandenburg. Ursprünglich lag an dieser Stelle der Flecken Lietzow, bis die Krone den Ort im 17. Jahrhundert als Sommerresidenz erkor, ein Schlösschen errichtete, Königin Sophie Charlotte ab 1700 das spätere Schloss Charlottenburg erbauen ließ, und darum herum nach und nach das Residenzstädtchen Charlottenburg entstand. Der größte Aufschwung begann um die Mitte des 19. Jahrhunderts, als die Stadt (und ihre Villensiedlung Westend) zur bevorzugten Wohnlage der wohlhabenden Berliner Bürgerschaft wurde.

Die Hauptachse Charlottenburgs war die Berliner Straße (Otto-Suhr-Allee), die am »Knie« (Ernst-Reuter-Platz) begann und direkt zum Schloss führte.

Vom historischen Stadtbild hat sich in Charlottenburg wenig erhalten. Lediglich das stolze Rathaus mit dem 88 Meter hohen Turm, mit dem die Bürgerschaft die preußische Krone brüskierte, und vereinzelte Häuser in den Straßen um den Richard-Wagner-Platz und die Straße Alt-Lietzow (mit der hochherrschaftlichen Villa Kogge von 1864, heute Standesamt Berlin-Charlottenburg), zeugen von der prachtvollen Vergangenheit.

Am »Knie« wurden die Kriegsruinen großflächig beseitigt, um den großen Kreisel des Ernst-Reuter-Platzes zu verwirklichen. Hier wurde eines der ehrgeizigsten Projekte der Westberliner Nachkriegsbaugeschichte umgesetzt. Der von Hochhäusern gesäumte Kreisverkehr erscheint vor allem Fußgängern heute als unattraktiv, geschichtlich spiegelt das Ensemble jedoch die Epoche der 1950er- und 1960er-Jahre als architektonisches Abbild perfekt wider. Die in die Jahre gekommenen Bürotürme wurden in den letzten Jahren einer Sanierung unterzogen und zeigen sich nun etwas freundlicher. Vor dem Krieg hatte diese Kreuzung einen gediegenen Charakter, die Hotels »Hippodrom« und »Bismarck« auf ihren tortenartigen Grundstücken direkt zwischen den sternförmig zusammenlaufenden Straßen dominierten den Platz.

Charlottenburg, am Knie, 1902. Im Vordergrund das zum Knie abgerundete Hotel »Hippodrom«, dahinter das »Bismarck«. Unten rechts die frühere Artillerie- und Ingenieurschule an der Hardenbergstraße. Charlottenburgs Siedlungskern erstreckt sich um den heutigen Richard-Wagner-Platz, früher Wilhelmplatz, an der Otto-Suhr-Allee (ehemals Berliner Straße).

Charlottenburg, Wilhelmsplatz, 1900. Die Ansicht zeigt die Otto-Suhr-Allee (damals Berliner Straße) in Richtung Schloss Charlottenburg (die Schlosskuppel ragt rechts oben im Hintergrund ins Bild). Hinter dem Wilhelmplatz (heute Richard-Wagner-Platz) ist die Luisenkirche zu erkennen, unten rechts die Lützow/Lietzow-Kirche in Alt-Lietzow.

Im Mittelpunkt der Geschäftigkeit im Westen stand seit 1895 die Kaiser-Wilhelm-Gedächtniskirche am Auguste-Victoria-Platz (heute Breitscheidplatz). Die pompöse Einweihung fand in Anwesenheit Kaiser Wilhelms II. am 1. September dieses Jahres statt. Der Regent machte auch die Vorgaben, nach denen der Architekt Franz Schwechten zu arbeiten hatte, schließlich sollte diese Kirche auch der Repräsentation kaiserlicher Macht dienen. Mit ihrem 113 Meter hohen Hauptturm und den vier Ecktürmen überragte sie den Berliner Westen. Im nicht unumstrittenen neoromanischen Stil des Kirchenbaus wurden auch die angrenzenden Gebäude am Platz errichtet (darunter der berühmte Literatentreff »Romanisches Café«).

Nach dem Zweiten Weltkrieg stand dann nur noch eine ausgebombte und ausgebrannte Kirchenruine in der Berliner Trümmerlandschaft. Dass die Ruinen gesichert und in den Nachkriegsanbau einbezogen wurden, ist dem starken Protest der Berliner Bevölkerung zu verdanken, die den Komplettabriss der Ruinen verhinderte. So einigte man sich schließlich mit dem Architekten Egon Eiermann auf den 1961 vollendeten Kompromiss. Damit wurde ein weltweit bekanntes Mahnmal gegen den Krieg geschaffen.

Kaiser-Wilhelm-Gedächtniskirche, um 1910.

Charlottenburg. Bahnhof Wilhelmplatz.

Charlottenburg, Wilhelmplatz, um 1920. Hierauf zeigt sich gut erkennbar der Kontrast zwischen der zweigeschossigen Charlottenburger Bebauung des 18. Jahrhunderts und den hohen Gründerzeitbauten, die sich auf immer mehr Grundstücken erhoben. Die Straßenbahn fuhr damals eingleisig die breite Berliner Straße (heute Otto-Suhr-Allee) in Richtung Schloss Charlottenburg hinauf, und der U-Bahnhof Wilhelmplatz (heute: Richard-Wagner-Platz) verband das Charlottenburger Zentrum mit der Metropole Berlin.

Charlottenburg. Kantstrasse.

Kantstraße mit Theater des Westens, 1912.

Entlang der Kantstraße entstand ab dem letzten Jahrzehnt des 19. Jahrhunderts ebenfalls in atemberaubendem Tempo großstädtische Bebauung. Diese wichtige Charlottenburger Achse führt vom heutigen Breitscheidplatz westwärts zum Lietzensee. Gleich am ersten Abschnitt der Kantstraße eröffnete 1896 das »Theater des Westens«, ein Symbol der Bedeutung Charlottenburgs auch im kulturellen Bereich. Trotz einiger Bombentreffer ist das markante Theaterhaus fast in seiner ursprünglichen Gestalt erhalten. Heute ist es als Aufführungsort verschiedenster Musicals eine wichtige Größe im Berliner Theaterkalender. Begonnen hat die Theatergeschichte vor über 100 Jahren mit Schauspiel, Opern und Operetten.

Nur wenige Schritte westwärts entlang der Kantstraße bot der harmonische Savignyplatz einen weiteren Blickfang im neuen Charlottenburg. Am großzügig gestalteten, rechteckigen Stadtplatz treffen die Knesebeck-, die Grolman- und die Carmerstraße auf die Kantstraße. Die einheitlich gründerzeitliche Bebauung ist heute nicht mehr zu bewundern, da viele Grundstücke nach Kriegszerstörungen neu bebaut wurden. Einen gewissen Charme strahlt der Platz (mit seiner Gastronomie) trotzdem bis heute aus.

GRUSS AUS CHARLOTTENBURG. Savigny Platz.

Savignyplatz, um 1900. Blick nach Norden.

Etablissement Flora, 1900.

Am oberen Ende der Berliner Straße, kurz vor dem Schloss, befand sich mit der »Flora« ein besonderes Vergnügungsetablissement. Hier auf dem ehemaligen Brauhof-Gelände errichtete die Aktiengesellschaft »Flora« 1872 ein riesiges Festsaalgebäude mit gläsernem Palmenhaus, Promenaden- und Konzertgarten. Viel Erfolg war dem Projekt »Flora« von Beginn an nicht gegönnt, die Eröffnung musste nach Einsturz des Dachstuhls kurz vor Vollendung um ein Jahr auf 1874 verschoben werden. Trotz publikumswirksamer Ereignisse wie Ballonfahrten, der »Buffalo Bill Wildwest Show«, Hochradrennen oder Gartenausstellungen blieb das Etablissement für die Betreiber unrentabel. So wurde schon 1904 der »Flora« ein Ende bereitet. Dadurch verlor Charlottenburg einen der damals größten Festsäle Deutschlands. Das Gelände ist danach komplett neu bebaut worden.

Die 1866 gegründete »Westend-Actiengesellschaft« bemühte sich redlich, auf der westlich von Charlottenburg Richtung Spandau gelegenen Anhöhe eine Villenkolonie für wohlhabendste Geschäftsleute zu etablieren. Trotz einiger magerer Jahre rechnete sich das Konzept langfristig, schon 1877 erhielt Westend über die Ringbahn Anschluss an das Berliner Bahnnetz. Innerhalb des Viertels fanden einige der bedeutendsten Bankiers des Deutschen Reiches, später auch wichtige Künstler ihre Heimstatt.

An der Nordgrenze dieser Wohlstandskolonie entlang der Spandauer Chaussee (heute Spandauer Damm) gab es einige bedeutende Ausflugslokale, die mit dem Straßenbahnanschluss schnell vom Charlottenburger Zentrum anzusteuern waren. So lud beispielsweise »Hoffmann´s Volksgarten« an der Ecke der Chaussee zur Kastanienallee die Gäste in einen 5 000 Personen fassenden Garten. Weiter in Richtung Spandau befand sich der gern besuchte »Spandauer Bock«. Dieses Wirtshaus mit eigener Brauerei gibt es schon seit den 1920er-Jahren nicht mehr. Gegenwärtig erinnert lediglich die gleichnamige Gartenkolonie am Ruhwaldweg an das einst hochgelobte Gasthaus.

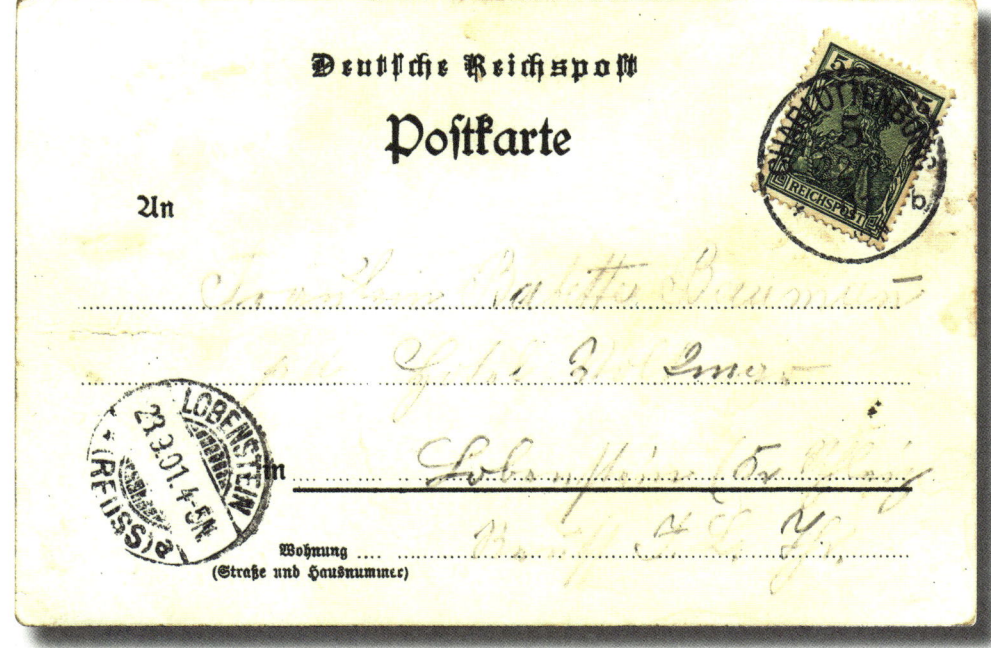

Hoffmann´s Volksgarten in Westend, 1901.

Spandauer Bock, 1898. Darauf liest man diesen Gruß: *Mein liebes Lieschen, Heute Morgen früh um sieben, habe ich mein Rad bestiegen, und mit meinen Collegen fein, bin geradelt durch Flur und Hain. Bis wir dann nach hier gekommen, wo wir Frühstück eingenommen, wo du weilst in meinem Sinn, drum sende ich dir meine Grüße hin.*

Gruss vom Spandauer Bock

Oeconom: R. Stegmeyer.

Postkarte

Vom Grunewald nach Wilmersdorf

Der an die neuen westlichen Vororte angrenzende Grunewald war neben Treptow in der wilhelminischen Zeit Berlins meistbesuchtes Sonntagsziel. Aus allen Richtungen strömten heute unvorstellbare Menschenmassen in diesen ausgedehnten Forst ein. Den Sonntag mit Familie und Freunden im Grünen zu verbringen war im Berlin der Jahrhundertwende für breite Bevölkerungsschichten die schönste Abwechslung vom arbeitsreichen und oft trostlosen Alltag. Die Menschen verstanden es auch, diesen Tag regelrecht zu zelebrieren, gut gelaunt ging es mit reichlich Proviant in Gesellschaft all der anderen zahllosen Ausflügler per Bahn, Kutsche oder mit dem Dampfer hinaus.

Zahllose Wirtshäuser, in deren Gärten die Familien auch ihren mitgebrachten Kaffee aufkochen (damals sehr beliebt) und ihr Essen verzehren konnten, erwarteten die Besucher. Diese Möglichkeit öffnete die Gasthäuser auch den ärmeren Berlinern, die Männer tranken ihr Bier, oft gab es Kegelbahnen, Spielplätze, Würfel- oder Schießbuden. Überaus beliebt waren auch die vielen Konzerte und Bälle hier draußen. Deshalb wurde den Berlinern nachgesagt, sie führen nur deshalb so gern in die Natur hinaus, weil dort so viele Wirtshäuser seien. Die sagenhafte Größe mit den tausenden Freiluftplätzen und den oft riesigen Tanzsälen kann man sich heute in dieser Form überhaupt nicht mehr vorstellen.

Nur ganz wenige Häuser haben sich bis in die heutige Zeit behaupten können, denn der ganz große Ausflugsstrom wurde schon durch den Ersten Weltkrieg unterbrochen und fand danach nie mehr zur alten Bedeutung zurück.

Ab den 1920er-Jahren lockten die vielen neu entstandenen Vergnügungsmöglichkeiten wie Kino, Revue- und Varietébühnen das Berliner Großstadtpublikum anderweitig. Durch die Zerstörungen des Zweiten Weltkriegs und die Teilung der Stadt ist der größte Teil der einstigen Ausflugskultur verloren oder vergessen. So muss man heute schon länger suchen, um noch ein historisches Ausflugslokal in seiner Urform zu finden.

Berliner Typen auf Grunewaldtour, 1898. Darauf der Gassenhauer »Im Grunewald ist Holzauction«, einer der vielen Klassiker, zu denen auf den Bällen nach Herzenslust »geschwoft« wurde.

Im Grunewald, im Grunewald, ist Holzauction
ist Holzauction, ist Holzauction.
Rechts um die Eck'herum, links um die Eck'herum
Überall und überall ist Holzauction
Der ganze Klafter Süssholz kost' ein Thaler
Ein Thaler, ein Thaler,
Rechts um die Eck'herum, links um die Eck'herum
Überall und überall ist Holzauction.

GRUSS aus

Postkarte

Un

Wohnung
(Straße und Hausnummer)

Sport-Seebad Halensee, 1900.

Eine der wichtigsten Einfallschneisen in den Grunewald war damals der Kurfürstendamm, der ja am Halensee, einem der zahlreichen Gewässer der Grunewald-Seenkette, endete. Hier am Halensee gab es den wohl größten Trubel, von idyllischer Sonntagsruhe keine Spur. Abertausende Besucher drängten sich innerhalb der Vergnügungsangebote, so dass Halensee zeitweise aus einer riesigen Menschen- und Staubwolke bestand.

Bereits 1883 eröffnete hier das »Wirtshaus am Halensee«, aus dem 1904 die berühmten »Terrassen am Halensee« wurden, ergänzt ab 1910 durch den »Lunapark«, zusammen ein einzigartiger Vergnügungsplatz. Hier gab es Berlins erste Achterbahn, eine Wasserrutsche, alle erdenklichen Karussells und eine Geisterbahn. In den 1920er-Jahren änderte sich das Vergnügungsprogramm, nun dominierten Boxkämpfe, Varieté, Kabarett und Jazz den »Lunapark«. Trotz stetigem Besucherandrang geriet der Veranstalter immer wieder in finanzielle Probleme, die schließlich 1934 zur Schließung des Etablissements und zum Abriss der Baulichkeiten führten.

Terrassen am Halensee, 1904. Das »Sport-Seebad Halensee« an der Koenigsallee bot damals den Berlinern eine außergewöhnlich komfortable Bademöglichkeit. Die zierreiche hölzerne Konstruktion verfügte über einen weit in den See ragenden Steg mit verschiedenen Sprungtürmen. Das Bad wurde während des Krieges zerstört, heute befindet sich auf dem Gelände eine »Beachbar«.

Die langgezogene, liebliche Grune-wald-Seenkette eroberten sich die Ausflügler schon seit dem frühen 19. Jahrhundert meist zu Fuß. Zu dieser Zeit entstanden auch die ersten Einkehrmöglichkeiten an den verschiedenen Seen, die Ziele der Sonntagswanderer. Als eines der ersten wurde schon 1802 das »Restaurant Paulsborn« am Grunewaldsee eröffnet. Im Jahr 1905 wurde dieses Gasthaus durch den bis heute beliebten Neubau des »Forsthauses Paulsborn« ersetzt. Ebenfalls um 1800 öffnete die »Alte Fischerhütte« am Schlachtensee ihren Betrieb. Den

Schlachtensee eroberten die Berliner etwas später über den Bahnhof Zehlendorf, von dem es per Kutschfahrt zur Fischerhütte ging. Seitdem setzte reger Ausflugsbetrieb auch hier im südlichen Grunewald ein.

Erfreulicherweise gibt es auch dieses Lokal bis heute und es hat von seiner Beliebtheit nichts eingebüßt. Zuletzt in den 1990er-Jahren renoviert, findet sich hier ganzjährig besonders gern Zehlendorfer und Steglitzer Publikum ein. Nur wenige hundert Meter weiter, an der benachbarten Krummen Lanke, eröffnete 1838 das gleichnamige Ausflugslokal. Die

Geschichte des Hauses endete im Jahr 1962 mit Komplettabriss.

Als Station auf halbem Wege zwischen den beiden ältesten Wirtshäusern »Paulsborn« und »Fischerhütte« eröffnete am früheren Riemeistersee (der See ist durch Wasserentnahme heute verschwunden) mit »Onkel Toms Hütte« eine weitere Berliner Ausflugsinstitution. Den ungewöhnlichen Namen gaben die ersten Gäste dem Wirt. Später wurde der Name für die nahe Wohnsiedlung samt U-Bahnstation übernommen. Nur das berühmte Wirtshaus gibt es seit 1971 nicht mehr.

Erstes Restaurant Paulsborn, vor 1905.

Onkel Toms Hütte, 1903, versendet nach Carls-
horst bei Berlin.

Alte Fischerhütte am Schlachtensee, 1898.
Darauf folgender Gruß: *Wir sitzen so fröhlich beim
Kaffe und haben einander so lieb, wir erheitern
einander das Leben, auf wenn es doch immer so
blieb.*

Wirtshaus Krumme Lanke, 1898.

Den zur Havel gelegenen Teil des Grunewalds erschlossen sich die Ausflügler auch gern per Dampfer. Genau darauf waren die Wirtshäuser an der Halbinsel Schildhorn, allein hier gab es vier große nebeneinanderliegende Gartenwirtschaften, auf dem Pichelswerder oder gegenüber am Pichelsberg eingerichtet.

Schildhorn befindet sich unterhalb des 1897 bis 1899 errichteten Grunewaldturms (Kaiser-Wilhelm-Turm), hier gibt es mit dem »Wirtshaus Schildhorn«, einst Rudolf Schmidts Wirtshaus, immerhin ein fast in historischer Gestalt erhaltenes Ausflugslokal. Zusammen mit dem frisch renovierten nahen Grunewaldturm ein attraktives Ziel, um auf Spurensuche innerhalb der Berliner Ausflugsgastronomiegeschichte zu gehen.

Schildhorn, Schmidts Wirtshaus und Kaiser-Wilhelm-Turm, 1908. Mit diesem nach Lauenburg/Elbe versendeten Gruß: *Liebe Else, schönen Gruß aus dem Grunewald. Sind tüchtig eingeregnet mal vom Gewitter überrascht worden.*

Gruss aus Schildhorn, Restaurant Ritzhaupt, 1906.

Auf Pichelswerder und am Pichelsberg, zwei weiteren gern besuchten
Ausflugsstandorten etwas weiter nördlich,
am Stößensee, gibt es heute kein der
historischen Tradition entsprechendes
Lokal mehr. Die einst berühmten
Wirtschaften »Zum Freund«, »Königgrätzer Garten«, »Wilhelmshöhe« oder
»Kaisergarten« sind verschwunden oder
befinden sich in privater Nutzung.

Pichelsberge, Kaisergarten, 1898. Ein
Teil der Bebauung steht noch am Ufer des
Pichelsbergs, als ehemaliges Gartenlokal
allerdings kaum mehr zu erkennen.

Pichelswerder, Königgrätzer Garten,
1902. In den 1920er-Jahren übernahm die
Firma Siemens diese bedeutende Lokalität
und wandelte sie in ein bis heute beste-
hendes firmeneigenes Bootshaus um. Hierauf diese Mitteilung: *(...) bei angenehmem
Wetter vom Bahnhof Grunewald nach hier
gewandert (...).*

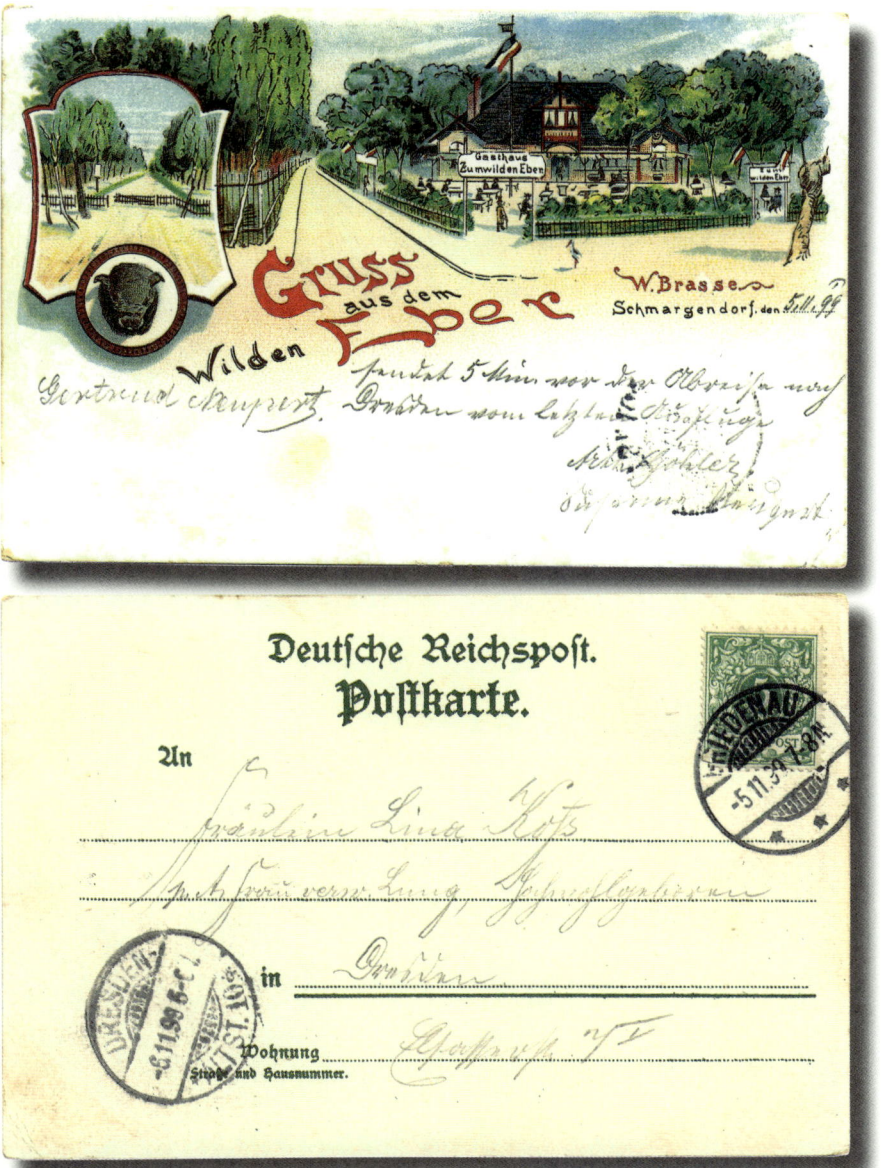

Gasthaus Zum Wilden Eber, 1899 nach Dresden verschickt. Auf der Ansicht erkennt man den Eingang zum Grunewald und die Teilung der Warnemünder Straße, rechts befanden sich die Gaststätten und links der Zaun zum angrenzenden Tiergehege.

Mit der Eröffnung der Dampfstraßenbahn aus Schöneberg 1887 trabten plötzlich besonders an den Wochenenden ungeheure Menschenmengen durch das ruhige Schmargendorf, um in den Grunewald zu gelangen. Die Warnemünder Straße, direkt an das Wildgatter des Grunewalds angrenzend, musste von allen ankommenden Ausflüglern durchschritten werden. Ganz nach dem Geschmack der Berliner entstand entlang dieser Straße eine Gastwirtschaft neben der anderen. Der berühmte, 1885 eröffnete Gasthof »Zum Wilden Eber«, dessen Name später auf den angrenzenden Platz überging, befand sich am unteren Ende der Straße. Zu diesem unverwechselbaren Namen kam das Haus durch einen angeblich vom Wirt Albert Schmidt im Garten des Lokals zur Strecke gebrachten Keiler. Das Wirtshaus wurde im Krieg beschädigt, 1962 abgerissen und mit einer Wohnanlage bebaut.

Auch von den anderen großen Gartenlokalen gibt es kaum noch Spuren, das Familienlokal »Waldkater« und das »Gesellschaftshaus Schmargendorf« wurden schon in den 1920er-Jahren abgerissen, lediglich das ehemalige »Forsthaus« steht noch, aber gegenwärtig ohne Nutzung. Die Wahrscheinlichkeit, hier auf echte Wildschweine zu treffen, ist erstaunlicherweise heute größer als je zuvor, denn die Borstentiere spazieren mittlerweile ganz ungeniert durch Schmargendorf und Dahlem.

Die benachbarte Gemeinde Wilmersdorf befand sich zu dieser Zeit schon in großer Aufbruchsstimmung. Aus Richtung Kurfürstendamm rollte die Metropole auch auf dieses einstige Dorf zu. In Wilmersdorf waren ebenfalls in großem Stil Wohnungen vornehmlich für die besserverdienenden Bewohner entstanden. Opfer der Bebauungspläne wurde 1920 der heute fast unbekannte, einstige Wilmersdorfer See, an dem sich mit dem populären »Seebad Wilmersdorf« eine der Kultstätten im Berliner Ausflugs- und Amüsierbetrieb befand. Gastwirt Otto Schramm hatte das seit 1879 bestehende Lokal mit vielen erfolgreichen Veranstaltungen zu einer Institution gemacht. »Schramm am See« war in der ganzen Stadt ein Begriff. Auf Teilen des zugeschütteten Sees befindet sich jetzt der Volkspark Wilmersdorf.

Ganz von seiner großstädtischen Seite zeigt sich Wilmersdorf am Hohenzollerndamm, wo bereits noble viergeschossige Mietwohnungen diese neue, breite Verkehrsachse vom Grunewald zur Kaiserallee (heute Bundesallee) flankierten.

Seebad Wilmersdorf, 1899.

Wilmersdorf, Hohenzollerndamm, 1916.

Schöneberg mit Steglitz, Lichterfelde, Tempelhof und Mariendorf

Ein an der wichtigen Chaussee von Berlin nach Potsdam gelegenes Straßendorf namens Schöneberg sorgte im 19. und frühen 20. Jahrhundert für einiges Aufsehen südlich der Hauptstadt. Ab dem 19. Jahrhundert etablierte sich hier zunächst eines der ersten Ausflugsziele der Hauptstädter, zahlreiche Gartenlokalen punkteten vor allem mit der Nähe zu Berlin.

Diesen Charakter verlor die Gemeinde jedoch mit der ab Ende des 19. Jahrhunderts rasant einsetzenden Verstädterung, als die expandierende deutsche Metropole neuen Platzbedarf anmeldete. Grundstücke im Gemeindegebiet Schöneberg gewannen enorm an Wert, sodass nun alles dicht an dicht bebaut wurde, wo einst Bauernhöfe und Gartenlokale die Landschaft beherrscht hatten.

Durch Grundstücksverkäufe an die Bauspekulanten kamen die Schöneberger Bauern zu einigem Reichtum, den sie mit ihren neuen stattlichen Häusern entlang der Hauptstraße zeigten.

Einige dieser etwas zu groß geratenen »Bauernhäuser« (stattliche Villen) sind unweit der alten Dorfkirche bis heute zu bestaunen. Schöneberg wurde als Millionärsdorf im ganzen Reich bekannt, der Schöneberger Millionärsbauer eine Figur in zahlreichen Lustspielen. 1861 verlor die Gemeinde bereits ihren nördlichen Teil an Berlin, trotzdem galt Schöneberg 1895 mit über 60 000 Einwohnern noch als das größte »Dorf« Preußens. 1898 erhielt Schöneberg endlich Stadtrecht und hatte 1910 schon weit über 100 000 Bewohner. 1920 wurde Schöneberg Teil von Groß-Berlin, dabei bekam der Bezirk sein 1861 verlorenes Teilgebiet wieder zugeschlagen.

Schöneberger Dorfkern mit Kirche und Pfarrhaus, 1900 nach Velten versendet. Auf der Höhe der erhaltenen alten Dorfkirche an der Hauptstraße findet man noch einige Häuser der Millionärsbauern, das Pfarrhaus im Vordergrund ist nicht mehr erhalten, zudem verringern die tosende Hauptstraße und einige schwere bauliche Wunden das Bedürfnis, sich hier näher mit der Vergangenheit auseinanderzusetzen. Dafür sei das Heimatmuseum unweit der Dorfkirche empfohlen.

Mit der »Schöneberger Schlossbrauerei« und ihrem ausgedehnten Gartenlokal an der Hauptstraße, fast gegenüber der Dorfkirche, besaß der Ort eine herausragende Anlaufstelle für Ausflügler. Als nach und nach die umliegenden Gartenwirtschaften für den Bau neuer Mietshäuser weichen mussten, blieb die »Schlossbrauerei« mit ihrem Garten erstaunlicherweise bis 1966 erhalten. Die Brauerei selbst blieb noch bis 1974 aktiv, das älteste Schöneberger Industriegelände wurde danach mit einem Komplex von Sozialwohnungen bebaut. Auf dem Grundstück des einstigen Bürgergartens errichtete man eine abweisende Parkpalette für den benachbarten »Prälaten«. Inzwischen ist sowohl der Saalbau des »Prälaten« als auch der Parkhafen entfernt, nun befindet sich an der Stelle des ältesten Schankkrugs von Schöneberg ein Discounter. Da kann man nur auf eine zukünftige, ansprechende städtebauliche Lösung für diesen Standort hoffen.

Schlossbrauerei Schöneberg, 1902.

Schönebergs erstes Rathaus befand sich am Kaiser-Wilhelm-Platz, ungefähr an der Stelle des heutigen Einkaufszentrums. Das früheste, 1874 erbaute Rathaus wich schon 1891 bis 1892 dem abgebildeten Neubau. Schon bald wurde auch dieses Haus zu klein; so errichteten die Schöneberger 1914 einen erneuten Rathausneubau, nun an neuer Stelle, am heutigen John-F.-Kennedy-Platz. In den Jahren der Teilung der Stadt war dieses Gebäude Amtssitz des Regierenden Bürgermeisters.

SCHÖNEBERG Rathaus

Altes Schöneberger Rathaus, um 1900.

Die Schöneberger Hauptstraße verwandelte sich in Folge der rasanten baulichen Expansion zu einem prächtigen Großstadtboulevard, der mit den wichtigsten Geschäftsstraßen Berlins konkurrieren konnte, eine würdige Fortsetzung der Potsdamer Straße. Die historische Ansicht zeigt die Ecke Hauptstraße/Vorbergstraße mit dem stattlichen kuppelgekrönten Warenhaus. Dieses Gebäude steht sogar noch, allerdings ohne den überladenen Stuck und ohne Kuppel. Darin befindet sich heute ein Hotel, die Hauptstraße ist an dieser Stelle heute völlig unspektakulär, von einstigem Schmuck keine Spur.

Hauptstraße/Ecke Vorbergstraße, 1909.

An der Kolonnenstraße befand sich der erste Bahnhof Schönebergs. Diese im Krieg zerstörte Station geriet danach lange Zeit in Vergessenheit und wurde erst jüngst an gleicher Stelle als Bahnhof Julius-Leber-Brücke wieder neu erbaut.

Kolonnenstraße mit Bahnhof Schöneberg, 1905.

Tempelhofer Straße/Ecke Hauptstraße, 1905. Auch die Kreuzung der Hauptstraße mit der Tempelhofer Straße (Dominicusstraße) unterscheidet sich doch sehr von dieser historischen Ansicht, nach Kriegszerstörungen sind die einst markanten Ecken ohne Rücksicht auf gewachsene Straßenzüge ziemlich abweisend bebaut worden. Interessant macht diese Kreuzung heute lediglich die allgegenwärtige Großstadthektik, verbunden mit den verschiedensten Gesichtern der Bewohner dieses Quartiers.

Friedenau, Panorama, 1905. Auf dieser Ansicht von der Bahnlinie in Richtung Westen steht noch die Villenbebauung im Vordergrund.

Weiter stadtauswärts, südlich der Ringbahn, wo die Hauptstraße zur Rheinstraße wird, begann das gutbürgerlich geprägte Friedenau, damals eigenständig und seit 1920 mit zum Bezirk Schöneberg gehörend. Hier entstanden um die Jahrhundertwende gepflegte, großzügige Wohnhäuser (ursprünglich war Friedenau ausschließlich als Villenvorort geplant), die reich verziert um die bessergestellte Klientel warben. Ein besonderes, geometrisch ausgezirkeltes, hufeisenförmiges Viertel entstand ab 1870 unter Leitung von Johannes Otzen rund um den Friedrich-

Wilhelm-Platz. Der Platz fungierte dabei als Mittelpunkt für viele sternförmig links und rechts in die Kaiserallee (Bundesallee) einmündende Straßen und bildet bis heute das Zentrum des neuen Friedenau.

Flankiert wurde der Friedrich-Wilhelm-Platz von zwei Rondells, dem Schmargendorfer und dem Wilmersdorfer Platz (heute Schiller- und Renée-Sintenis-Platz). Das Hufeisen bilden die Stubenrauch- und die Handjerystraße. Friedenau wurde bevorzugte Wohnadresse vieler berühmter Persönlichkeiten. Der großartige Gesamteindruck des Platzes ist durch Kriegszerstörungen und die autogerechte Verkehrs-

führung verloren gegangen, man muss schon genau hinschauen, um die einstige Struktur zu erkennen.

Die Kaiserallee erlangte als neue Nord-Süd-Verkehrsachse, von Charlottenburg über Wilmersdorf nach Friedenau auf die Rheinstraße treffend, schnell an Bedeutung. Entlang der Rheinstraße befindet sich seit dieser Zeit das Geschäftszentrum Friedenaus, vom Rathaus um den Breslauer Platz bis zur Kaisereiche. Auch diesen markanten Kreuzungen ist durch Zerstörung und Zweckmäßigkeitsbauten der Nachkriegszeit viel von der einstigen Harmonie abhanden gekommen.

Friedenau
Rheinstrasse an der Schmargendorferstrasse

Friedenau, Rheinstraße, um 1910. Blick in eine junge Geschäftsstraße, die sechs Eckhäuser der Kreuzung sind schmuckvoll mit Türmchen gestaltet. Dieser imposante Anblick bietet sich nicht mehr, das Haus in der Bildmitte steht ohne Turm und Giebel schmucklos an der Ecke Schmargendorfer Straße und das gegenüberliegende Eckgebäude (rechts) ist durch einen grauen Betonbau ersetzt worden. Lediglich der auf der Abbildung linke Teil dieser Kreuzung versöhnt ein wenig angesichts der baulichen Verluste.

Steglitz, Albrechtstraße und Rathaus, 1902. Die Albrechtstraße ist auf dem hier abgebildeten Teil heute vollkommen neugestaltet, die historischen Häuserzeilen sind nur noch Geschichte. Seit den 1970er-Jahren erhebt sich hier der skandalumwitterte »Steglitzer Kreisel« mit dem Hotel »Steglitz International«. Auf der am 30. Juni 1902 an Fräulein Lieschen Müller im Ostseebad Rewahl in Pommern, Villa Seeblick, gesendeten Grußkarte schreibt ein in Berlin verbliebener Mann seiner Freundin oder Verlobten in den Sommerferien: *Liebes Lieschen! Ob es bei Euch auch so furchtbar heiß ist, hier ist es bald nicht mehr zu ertragen, ich habe große Sehnsucht.* Eine Sommerreise an die Nord- oder Ostseeküste war um 1900 nur einer kleinen, zahlungskräftigen Minderheit möglich.

Aus Friedenau hinaus gelangt man entlang der zentralen, stadtauswärts führenden Straße, deren Name nun von Rhein- zu Schlossstraße wechselt, anschlusslos nach Steglitz. Diese alte Chaussee (ehemals Reichsstraße 1) wurde schon 1792 als erste Straße in Preußen gepflastert und brachte viel Bewegung ins brandenburgische Dorf Steglitz. Seit 1838 verkehrte auch die erste preußische Eisenbahn hier zwischen Berlin und Potsdam. Die Bahn erschloss mit ihren Haltestellen Friedenau ebenso wie Steglitz und sorgte maßgebend für die dynamische Bauentwicklung im Südwesten der Metropole. Steglitz wurde ebenfalls zu einem bürgerlichen Wohnviertel, dieser Charakter hat sich weitestgehend bis heute bewahrt.

STEGLITZ d. 30/6. 02.   Albrecht Str. u. Rathaus.

Südlich von Steglitz schließt sich die ebenfalls entlang der Potsdamer Bahn und der alten Reichsstraße gelegene Villensiedlung Lichterfelde an, deren Bahnhof Lichterfelde-West den einen Zugang in Berlins erste und größte Landhaussiedlung bildete. Der damals Gross-Lichterfelde genannte Ort erstreckte sich von dort ostwärts bis über die Anhalter Bahn, an der sich demzufolge mit dem Bahnhof Lichterfelde-Ost das zweite Tor in die Siedlung befand. Dieser Bahnhof stellte ab 1881 eine der beiden Endstationen von Deutschlands erster elektrischer Straßenbahnlinie dar, errichtet von der Firma Siemens & Halske. Die Linie führte zur etwas mehr als zwei Kilometer entfernten »Kaiserlichen Hauptkadettenanstalt« an der Finckensteinallee (hier ist heute das deutsche Bundesarchiv untergebracht).

Ebenfalls erhalten ist die Lichterfelde prägende Kaserne der Gardeschützen am gleichnamigen Weg. Das gewaltige dunkelrote Klinkergebäude beherbergt derzeit noch einen Teil des Bundesnachrichtendienstes (BND). In Nachbarschaft des Militärs siedelten auch einige Stiftungen in imposanten Villenbauten. Der Name Siemens ist mit Lichterfelde auch über das Herrenhaus Correns, später Siemens, am Gärtnerweg verbunden. Ab den Zwanzigerjahren eine der Residenzen der Familie, war es nach dem Zweiten Weltkrieg bis zum Umzug nach Leipzig 2010 Heimstatt des Deutschen Musikarchivs der Deutschen Nationalbibliothek.

Lichterfelde ist heute eine der gefragtesten Wohnlagen Berlins; bei einem Ausflug hierher erkennt man auch schnell den Grund dafür. Allein die direkte Umgebung des Westbahnhofs ist wohl einzigartig in Berlin. Der 1916 eröffnete Westbasar erinnert an die Bäderarchitektur von Nord- oder Ostsee, ein paar Häuser weiter wähnt man sich schon in Süddeutschland. So vielseitig wie der Bahnhofsvorplatz präsentieren sich auch die Straßen in Lichterfelde, unzählige schmuckvolle Villen und Häuser in den verschiedensten Stilen.

Gross-Lichterfelde, Kaserne der Gardeschützen, 1906. Ein Rekrut sendet hierauf seine Vorfreude auf den kommenden Urlaub ins heimatliche Bortfeld bei Braunschweig: *Liebe Eltern! Komme voraussichtlich zu Pfingsten nach Hause wie lange ist noch unbekannt (...). Gruß, Hermann.*

Gross-Lichterfelde, Pauluskirche, Waisenhaus und Rotherstift, 1903. Darauf folgende Mitteilung an die Eltern in Spandau: *Liebe Eltern! Es gefällt mir sehr gut, fast alle Tage gehe ich bei Mertens in die Kirschen oder fahre mit Onkels Fuhrwerk mit.*

Parade auf dem Tempelhofer Felde, 1902. Mit dem Gruß eines Soldaten an seine Liebste in Kupferdreh bei Essen: *Liebe Maria, (…) bin gerade auf Wache, sende Dir die besten Grüße, Dein Ernst.*

Im Süden Berlins befand sich auf dem Tempelhofer Feld einer der größten Exerzier- und Übungsplätze in der näheren Umgebung der Hauptstadt. Dieses Feld bewirtschaften einst die Schöneberger Bauern, bevor das Militär 1828 das Gelände erwarb. 1908 kaufte die Gemeinde Tempelhof das Gelände, wonach die Bebauung des westlichen Teils eingeleitet wurde. Der östliche Teil etablierte sich zunehmend als Übungsgelände für Ballon-, Luftschiff- und Flugzeugvorführungen. In den 1920er-Jahren begann der Flugplatzbau, der mit der Errichtung des damals modernsten und größten Passagierflughafens der Welt 1941 vollendet wurde.

Tempelhofer Tivoli, 1902. Vom 1895 eröffneten »Tivoli« steht heute noch das Eckgebäude zur Friedrich-Karl-Straße.

Das südlich vom Feld gelegene Straßendorf Tempelhof und das sich daran anschließende Mariendorf zogen zu dieser Zeit scharenweise Ausflügler und Soldaten auf Ausgang in zahlreiche Wirtshäuser entlang der Berliner Straße (heute Tempelhofer Damm). Dafür stehen Namen wie das »Tempelhofer Tivoli«, der »Wilhelmsgarten« oder das »Birkenwäldchen«. Weiter stadtauswärts die Chausseestraße (Mariendorfer Damm) entlang, setzte sich dieses Szenario bis nach Mariendorf fort. Hier waren der »Freibergsche Garten«, das »Grassl« oder »Herolds Restaurant« die bekanntesten Adressen. Zur Mariendorfer Wirtshausgeschichte gehörte auch das »Feldschlösschen« von Oskar Setzefand in der Kurfürstenstraße (heute Alhambra Kino). Die benachbarte »Marienhöhe« und auch »Südende« boten weitere Höhepunkte im Berliner Süden.

Wilhelmsgarten Tempelhof, um 1900. Dieses Lokal befand sich in der Berliner Straße 9, Ecke Ringbahnstraße, hier gibt es keine baulichen Spuren mehr.

Marienhöhe-Südende, um 1900. »Restaurant Schloss Marienhöhe«, eines von mehreren Lokalen auf der Höhe, in den 1920er-Jahren zur Kiesgewinnung abgetragen und nach dem Krieg als Trümmerberg neu entstanden.

Mariendorf, Freibergs Garten, 1904. Das abgebildete Haus steht sogar noch am heutigen Blümelteich (benannt nach dem einstigen Wirt Blümel). Der rote Klinkerbau (Mariendorfer Damm 115) beherbergt schon seit Jahrzehnten verschiedene Kindereinrichtungen. Die Freibergsche Familie besaß mit dem gegenüberliegenden ehemaligen »Restaurant zur Grünen Linde« ein weiteres Lokal. An dem etwas heruntergekommenen Haus befindet sich noch die Inschrift »Wilhelm Freiberg«.

Rixdorf und die umliegenden Gemeinden

Den Kern des heutigen Berliner Bezirks Neukölln bildet das historische Rixdorf, ein einst südöstlich von Berlin gelegenes märkisches Dorf. Auf Geheiß Friedrich Wilhelms I. wurden ab 1737 böhmische Protestanten hier angesiedelt, woraus sich das bis 1874 eigenständige Böhmisch-Rixdorf entwickelte.

Der Name Rixdorf steht im wilhelminischen Berlin für billige Vergnügungen der weniger begüterten Hauptstädter, die vorzugsweise die vielen Brauereigärten und Etablissements zwischen Rollkrug und Hasenheide aufsuchten. Unrühmlich auch die hiesige Bebauung mit dichtgedrängten Mietskasernen, errichtet für das ständig wachsende Heer mittelloser Fabrikarbeiter, die unaufhaltsam in Deutschlands größte Industriestadt strebten.

Die expandierende Gemeinde löste sich 1899 vom Kreis Teltow, Hermann Boddin wurde erster Bürgermeister Rixdorfs. Zu dieser Zeit wohnten schon an die 100 000 Menschen hier. Um dem negativen Ruf der Gegend zu begegnen, ergriff die rührige Stadtverwaltung viele Maßnahmen, so wurden stattliche öffentliche Gebäude errichtet, die Verkehrsanbindung verbessert und schließlich 1912 auch der Name Rixdorf abgelegt. In allen Tanzsälen Berlins bekannt war »Der Rixdorfer«, ein Gassenhauer, der das Verständnis der Hauptstädter hinsichtlich Rixdorfs prägte.

Rixdorfer Szene, 1900.

Unter den Etablissements rund um die Hasenheide genoss die »Neue Welt« einen ganz herausragenden Ruf. Hinsichtlich ihrer Größe und Bedeutung war dieses Lokal fast einzigartig in Berlin. Vieles ist verloren gegangen, aus dem Garten wurden Parkplätze, in die Gebäude zogen Geschäfte ein, lediglich der große Saalbau dient noch als Konzertstätte.

Neue Welt an der Hasenheide, 1901. Auf dieser an den Obersignalgast O. Grothe auf dem Marineschiff »Sachsen« in Brunsbüttel gerichteten Postkarte liest man diesen Gruß: *Lieber Bruder. Sende von hier die herzlichsten Grüße. Luise, Berta und ich waren da, da aus der Dampferpartie nichts geworden. In fröhlicher Stimmung verbleiben (…).*

Die wichtigsten Straßenzüge des neuen Rixdorf bildeten die Berliner Straße/Bergstraße (heute Karl-Marx-Straße), die Hermannstraße und die Kaiser-Friedrich-Straße (Sonnenallee), die in rasantem Tempo abgesteckt oder neu bebaut wurden und von denen die zahlreichen kurzen Nebenstraßen mit den ebenfalls neuerrichteten engen Wohnquartieren abgingen.

Die Berliner- mit der sich anschließenden Bergstraße darf als die damals wichtigste Achse Rixdorfs bezeichnet werden, sie verband den Hermannplatz an der Grenze zu Berlin mit dem an der Ringbahn gelegenen Bahnhof Rixdorf. An dieser Straße wurden wichtige öffentliche Gebäude wie das Amtsgericht, das Rathaus, die Post, Schulen und die neue evangelische Kirche errichtet.

Als Rixdorfs neueste Achse entsteht um die Jahrhundertwende die Kaiser-Friedrich-Straße. Die heutige Sonnenallee wird in wenigen Jahren zusammen mit den zahlreichen Nebenstraßen aus dem Boden gestampft. An der Ecke zur Wildenbruchstraße steht seit 1902 das ehemalige Rixdorfer Polizeipräsidium, heute Abschnitt 54 der Berliner Polizei, wenige Schritte entfernt baute sich Rixdorf zeitgleich ein stattliches Gymnasium. Auch dieses Gebäude ist erhalten, darin befindet sich jetzt die Ernst-Abbe-Schule.

Rixdorf, Kaiser-Friedrich-Straße mit Gymnasium, 1910.

Rixdorf, Bergstraße mit Kriegerdenkmal, 1906. Diese detailreiche Ansicht zeigt die belebte Bergstraße an der Einmündung der Richardstraße im Herzen von Rixdorf. Großstädtische Bebauung dominiert die Szene, lediglich einzelne Häuser (links) erinnern noch an das ursprüngliche Dorf. Verloren gegangen ist im Krieg leider das schmuckreiche Eckgebäude in der Bildmitte, hier steht heute ein unansehnlicher Geschäftsbau. Auch die Reste der dörflichen Bebauung sind an dieser Stelle längst verschwunden. Wer danach sucht, findet entlang der Richardstraße und am Richardplatz noch einiges Sehenswertes. Biesdorf an der Ostbahn klingt für Nichtberliner sehr weit weg, dabei überschritt diese Grußkarte nicht einmal die seit 1920 bestehenden Stadtgrenzen der preußischen Metropole.

Als erstes und lange Zeit einziges öffentliches Gebäude erbaute die Gemeinde 1879 das Amtshaus, einen gelben Klinkerbau mit Zinnen und Türmchen, das bis 1905 als erstes Rixdorfer Rathaus diente. Dieser Komplex wurde 1905 durch den quer zur Straße stehenden Teil mit dem 1908 fertig gestellten, fast 70 Meter hohen Rathausturm erweitert. Die expandierende Einwohnerzahl machte in den 1920er-Jahren weitere Anbauten nötig, dabei wurde auch das einstige Amtshaus aufgestockt, wobei der Eckturm verloren ging. Nach verheerenden Kriegszerstörungen beschloss man, den ältesten Teil des Rathauses abzutragen. Mit dem 1950 erbauten, zurückgesetzten neuen Flügel entstand der heutige Vorplatz mit dem Brunnen.

Rixdorf, Berliner Straße mit Rathaus und Amtsgericht, 1905.

Neukölln, Teilansicht vom Rathausturm, 1918. Vom Rathausturm führt der Blick über die Boddinstraße in Richtung Kindl-Brauerei, aus Rixdorf ist inzwischen Neukölln geworden. Hier sieht man deutlich die engen, für die Arbeiterschaft errichteten Quartiere, von denen es in Neukölln so viele gab und gibt. Diese Straßenzüge sind fast unverändert bis in die Gegenwart erhalten geblieben, ein Blick vom öffentlich zugänglichen Rathausturm (immer Mittwochs und Freitags, sehr lohnenswert!) zeigt unzählige Hinterhöfe in allen Richtungen. Natürlich hat sich die Ausstattung der Wohnungen auch im hiesigen Kiez verändert, seit den 1970er-Jahren wurden zunehmend Zentralheizungen und Toiletten eingebaut. Das Milieu des einfachen, billigen Wohnens blieb jedoch bis heute unverändert.

Rixdorfs dritte Achse, die Hermannstraße, führte zu einer der bedeutendsten Berliner Brauereien. Seit 1872 produzierte die Vereins- und spätere Kindlbrauerei hier am Rollberg Bier für die Hauptstadt. In die Berliner Ausflugs- und Vergnügungsgeschichte sind der hiesige Biergarten, später der »Mercedes-Palast« und die legendären Kindl-Festsäle eingegangen. Dieses historische Brauviertel ist vor einigen Jahren in einen Büro- und Geschäftskomplex umgewandelt worden.

Vereinsbrauerei Rixdorf, 1904. Blick über das Gelände, die Potsdamer Filiale und den aktuellen Bierabsatz.

Konzertgarten der Vereinsbrauerei mit dem Saalbau, 1899. Das historische Kindl-Gebäude steht frisch saniert an der Hermannstraße, die heutige Nutzung ist jedoch enttäuschend. Die abgebildeten Biergärten sind überbaut worden, an Sonntagsausflüge denkt in der hektischen Straße heute kein Mensch mehr.

Südöstlich von Rixdorf liegen früher selbstständige Dörfer, die entweder über die Rixdorf-Mittenwalder Eisenbahn oder die Görlitzer Bahn mit Rixdorf und Berlin verbunden waren. Britz, Johannisthal, Rudow oder Adlershof gehören inzwischen längst zu Berlin, oder sind, wie Schönefeld, durch den Flughafen mit der Stadt verbunden.

Britz spielt in der Berliner Architekturgeschichte eine wichtige Rolle, sehenswert ist hier vor allem die Hufeisensiedlung mit den umliegenden Wohngebieten, die angrenzende Gropiusstadt und das Gelände der Bundesgartenschau von 1985 an der Britzer Mühle. An diese Großprojekte war zur Kaiserzeit noch nicht zu denken, Britz war ein märkisches Dorf mit Schloss und Gutspark. Der Landkreis Teltow erbaute in Britz aber schon 1896 eine große Krankenhausanlage, und mit der »Idealsiedlung« entstand ein frühes Wohngebiet des neuen Typs.

Eine neue Siedlung mit dem Namen Baumschulenweg entstand, nachdem die Köllnische Heide entlang der Görlitzer Bahn abgeholzt worden war. Namensgebend für den neuen Ort waren die Späthschen Baumschulen am Königsheideweg. Eigner Franz Späth hatte sich – aus naheliegenden Gründen – stark als Förderer dieses Siedlungsprojekts engagiert.

Gruss aus Britz, 1901. An der Chausseestraße 99 (heute Britzer Damm) befand sich dieses Gasthaus. Von der abgebildeten dörflichen Idylle gibt es hier keine Spuren mehr. Die verkehrsreiche Straße ist mit mehrgeschossigen Mietshäusern bebaut.

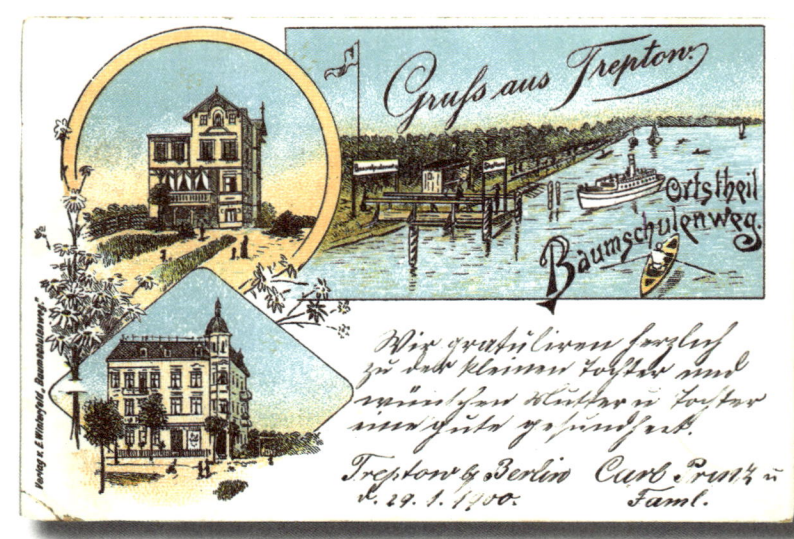

Gruß aus Baumschulenweg, 1900. Darauf befindet sich eine Ansicht des einstigen, längst abgerissenen »Café Ulla« (oben links), darunter eine frühe Abbildung des »Kiefholzecks« (Baumschulenstraße/Ecke Kiefholzstraße), und rechts der Anleger am Spreeufer.

Das südöstlich angrenzende Johannisthal entwickelte sich schon um die Jahrhundertwende zu einem Ausflugsziel für Berliner Familien, die hier in der Natur Spaß und Entspannung suchten. Im Jahr 1909 begann mit der Gründung des hiesigen Flughafens ein neues Kapitel, der Ort rückte als erster Berliner Luftverkehrsplatz in den Mittelpunkt des öffentlichen Interesses. Diese Attraktion brachte viele neue Ansiedlungen, die heldenhaften Flugpioniere und natürlich zahlreiches, staunendes Publikum hierher. Johannisthal erlebte eine Blütezeit, die mit der Verlagerung des Flugverkehrs auf das Tempelhofer Feld in den 1920er-Jahren endete. Das benachbarte Büdnerdorf Adlershof erlebte durch seine Nähe zur Görlitzer Bahn und mit der Eröffnung des Teltowkanals einen industriellen Aufschwung. Der heutige Treptower Ortsteil ist durch seine Film- und Fernsehstudios und den prosperierenden Wissenschafts- und Technologiepark im gegenwärtigen Berliner Alltag verankert.

Gruss aus dem Waldkater, Johannisthal, 1900. Der um 1885 eröffnete »Waldkater« war eines der hiesigen Ausflugslokale, gelegen an der heutigen Kreuzung Sterndamm/Königsheideweg. Seit den 1950er-Jahren stehen hier Wohnbauten.

Die heutige Bedeutung des an der Rixdorf-Mittenwalder Eisenbahn gelegenen Dorfes Schönefeld war vor 100 Jahren noch keineswegs abzusehen. Die märkische Idylle endete 1934 mit der Errichtung der Henschel Flugzeugwerke, die nach dem Krieg von den Sowjets demontiert wurden. Die Besatzungsmacht ordnete 1947 den Aufbau eines zivilen Flughafens an diesem Ort an. Daraus entwickelte sich der für die DDR wichtigste Flughafen, der im internationalen Vergleich jedoch ein Zwerg blieb. Nach der Wiedervereinigung 1990 einigte man sich nach langem Tauziehen auf Schönefeld als Standort des neuen Hauptstadtflughafens, der 2012 seinen offiziellen Betrieb aufnehmen soll.

Gruss aus Schönefeld, 1902. »Brandts Gasthof«, Bahnhof, Schule und Kirche zeigen das Dorf. Vielen früheren DDR-Bürgern wird der stark frequentierte Bahnhof mit seiner hölzernen Übergangsbrücke und den völlig unzureichenden Wartehäuschen noch in schlechter Erinnerung sein. Dieser unhaltbare Zustand änderte sich erst in den 1980er-Jahren mit dem Bahnhofsneubau.

Treptow und Köpenick mit Grünau und dem Müggelsee

Treptow, ein kleines Kolonistendorf, geriet durch seine bevorzugte Wasserlage und relative Stadtnähe schon weit vor 1900 in das Visier der Erholung suchenden Hauptstädter. Begonnen hatte der Ausflugsstrom schon 1822, als der Berliner Magistrat anstelle einer bescheidenen Gastwirtschaft einen stattlichen Neubau errichten ließ. Dieser diente als Treffpunkt der »besseren Gesellschaft«, die mit rauschenden Bällen und spektakulären Feuerwerken hier hinaus gelockt wurde.

Bis heute ist dieses Lokal unter dem Namen »Zenner« ein Markenzeichen in Berlin. Der legendäre Wirt Rudolf Zenner drückte diesem Haus ab 1880 seinen Stempel auf mit unvergessenen Musik-, Tanz- und Konzertveranstaltungen.

Nach und nach gruppierten sich um den »Zenner« weitere große Gartenwirtschaften, sodass bis 1910 auch aus dem letzten Grundstück des alten Treptow ein Lokal geworden war. Diese Dichte von aneinandergereihten, riesigen Ausflugslokalen, komplettiert von der gegenüberliegenden Abtei-Insel und den damaligen Flussbadeanstalten und Ruderclubs war einzigartig im Berliner Raum. Die Berliner strömten aus den dichtbesiedelten zentralen und östlichen Quartieren zu Hunderttausenden hinaus nach Treptow. Infolge der gravierenden Kriegszerstörungen, die fast alle Spuren des alten Treptow getilgt haben, fällt es heute schwer, sich diesen Tumult auch nur annähernd vorzustellen.

Zu den traditionellen Lokalen gehörte das Etablissement von Otto Kettlitz, das schon 1914 der benachbarte Wirt Wilhelm Gadegast in seinen »Spreegarten« integrierte. Dieses riesige Gelände grenzte direkt an den »Zenner«, wurde ebenfalls komplett zerstört und ist den älteren Berlinern vielleicht als »Großgaststätte Plänterwald« ein Begriff. Doch auch von dem 1956 errichteten Bau wurden nach einem Brand 1993 alle Reste beseitigt.

Gruss aus Treptow, Restaurant Zenner, 1899. Die Bewirtung hatte seit 1896 der darauf erwähnte Fritz Regelin inne. Auch dieses Berliner Wahrzeichen wurde durch einen Bombentreffer 1945 zerstört, aber 1955 in der bis heute bestehenden Form von Architekt Hermann Henselmann neu erbaut.

Restaurant Otto Kettlitz, 1903. Neben Uferansicht und Saal wird auf dieser Abbildung noch die Straßenfront mit dem ehemaligen »Kolonistenhaus« gezeigt.

Gruss aus dem Paradiesgarten, 1898, mit Aussichtsturm, Abtei-Insel links und Kaiserbad im Hintergrund.

Die Reihe der Treptower Uferwirtschaften setzte »Carl Ebels Garten« (im »Kolonistenhaus« der Familie Eichbaum), seit den 1920er-Jahren unter dem Namen »Zur Sonnenwende« bekannt, fort, dem schloss sich der Durchgang zur Abtei-Insel (ebenfalls mit Ausflugslokal) an, gefolgt vom »Strandschlösschen« (daraus wurde später das »Schloss Treptow«). Ein weiteres Aushängeschild Treptows war der daran angrenzende »Paradiesgarten«, ein weithin bekannter Konzertgarten, aufgebaut maßgeblich von Otto Buchholz. Den Abschluss bildete der »Kaiserbadgarten«, eine Flussbadeanstalt mit Restaurant und Vereinshaus des Berliner Rudervereins. Von all diesen großartigen Einkehrmöglichkeiten gibt es heute keinerlei bauliche Spuren mehr.

Treptows einstiges Vergnügungs-
gelände umfasste aber nicht nur
das Spreeufer, denn im Rücken der
Gartenlokale auf der gegenüberliegenden
Straßenseite erstreckte sich mit dem
Treptower Park ein ausgedehnter Landschaftspark. Dieser Park wurde 1877 bis
1888 zunächst vom Berliner Gartenbau-
direktor Gustav Meyer, und nach seinem
Tode von Hermann Mächtig gestaltet.

Die Berliner aus den umliegenden engen
Wohnquartieren stürmten in Massen auch
diese riesige Freizeitwiese, der Erfolg der
Parkanlage, zunächst Ostpark genannt,
übertraf alle Erwartungen. Natürlich
siedelten sich im und um den Park weitere
bedeutende Ausflugslokale an, teils mit
Konzertgärten und prunkvollen Ballsälen.
Diese komplettierten die herausragende
Stellung Treptows als erster Anlaufpunkt

im Grünen für den östlichen Teil der
Hauptstadt (damals lediglich mit dem
Grunewald im Westen vergleichbar).

Neben der Archenholdsternwarte,
einem weiteren Treptower Wahrzeichen,
empfing der »Kaiser-Wilhelm-Garten« auf
der Parkseite der Straße Alt-Treptow seine
zahlreichen Gäste. Diese Wirtschaft entstand bereits 1876 ebenfalls auf einem
Treptower Kolonistengrundstück.

**Treptow, Kaiser-Wilhelm-
Garten**, 1901. Besonders hervorzuheben ist das damals im
Sommergarten befindliche »Revue-
theater«. Wie die vielen weiteren
Lokale im Park (»Concordia Festsäle« am Karpfenteich, der
»Victoria Garten«, das »Parkrestaurant« oder der »Treptower
Lustgarten«) wurde auch der
»Kaiser-Wilhelm-Garten« im Krieg
zerstört. Der Treptower Park
kommt heute ohne Bewirtschaftung
aus, was angesichts des veränderten Freizeitverhaltens der
heutigen Berliner Bevölkerung nicht
unbedingt ein Nachteil ist. Die Postkarte ist 1901, mit japanischen
Schriftzeichen versehen, an einen
Hauptmann Kawano, gerichtet nach
Charlottenburg, versendet worden.

Inmitten der Parkanlage befindet sich das 1949 eingeweihte Sowjetische Ehrenmal für die 80 000 im Kampf um die Stadt gefallenen Soldaten der Roten Armee. Nur wenige Berliner wissen jedoch, dass diese Freifläche zuvor 1896 Standort einer riesigen Gewerbeausstellung war. Zum damaligen Zeitpunkt war dies die bedeutendste Leistungsschau Deutschlands, vergleichbar mit einer Weltausstellung. Millionen Besucher strömten durch die eigens errichteten Hallen und Pavillons. Nach Abschluss der Ausstellung fanden viele der dort demontierten Gebäude neue Verwendung als Ausflugslokale in und um Berlin.

Berliner Gewerbeausstellung, 1896.

Durch den an den Treptower Park angrenzenden Plänterwald vergrößerte sich das grüne Band entlang der Spree um viele kostbare Hektar Wald, die glücklicherweise auch heute noch unangetastet bestehen. Lediglich der zu DDR-Zeiten eingerichtete Vergnügungspark sorgte in den 1970er- und 1980er-Jahren für einen stetigen Publikumsansturm in diesem kleinen Teil des Plänterwaldes. Zur Kaiserzeit lockte das hier beheimatete »Eierhäuschen« zahllose Besucher aus der Stadt hinaus. Der Name geht auf das frühe 19. Jahrhundert zurück, als die Berliner Ruderer halbjährlich »an- und abruderten« und am Ziel Plänterwald ein Wirt die Sportler stets mit hartgekochten Eiern versorgte. Als dann ab 1864 erste Ausflugsdampfer am »Eierhäuschen« anlegten, war der Durchbruch zu einem wichtigen Ziel im Berliner Ausflugshorizont geschafft. Davon kündet heute noch das 1890 erbaute Klinkergebäude des »Alten Eierhäuschens«, das leider seit Jahren auf Rettung aus dem Dornröschenschlaf wartet.

Gruss aus dem Alten Eierhäuschen, 1909.

Hinter dem Plänterwald begann entlang der Oberspree beidseitig stadtauswärts ein zunächst lediglich von der regen Flussschifffahrt durchquerter Landstrich. Nach und nach drängten jedoch die Berliner Ausflügler auch in diese Gefilde vor, den Anfang machten die Ruderer, welche immer neue Ziele erkundeten. Ab etwa 1890 entstand in der Folge auch hier in Nieder- und Oberschöneweide eine beachtliche Kette von Vergnügungslokalen. Mit ihren patriotisch verklärten oder kriegerischen Namen, ganz nach dem Geschmack der Zeit, schafften viele

dieser Uferwirtschaften den Sprung in die Herzen der Berliner Sommerfrischler und winterlichen Ballbesucher. Zu nennen sind hier die Wirtshäuser »Loreley«, »Drachenfels«, »Neptunshain«, »Kyffhäuser«, das »Sadowa« oder das »Café Sedan«.

Das berühmte Etablissement »Wilhelminenhof« entstand auf dem gleichnamigen Gut, der Keimzelle von Oberschöneweide (auf der Höhe des Kaiserstegs gelegen). Die in unvorstellbarem Tempo wachsende deutsche Hauptstadt streckte jedoch schon bald ihre Fühler bis hierher hinaus. Schöneweides

günstige Wasserlage vor den Toren der Stadt lockte erste Industriebetriebe hierher, so entstand eine kurzzeitige Mischnutzung, bis ab 1900 die Schwerindustrie zunehmend das Obergewicht erlangte. In Ober- und Niederschöneweide siedelten sich Großbetriebe wie die AEG oder Niles an, dazu Gas- und Elektrizitätswerke, aus dem grünen Spreeufer wurde eine kilometerlange Industriefront, die auch heute noch ziemlich beeindruckend wirkt, obwohl inzwischen kaum noch eine der industriellen Produktionsstätten auch als solche betrieben wird.

Gruss aus dem Kyffhäuser, 1905. Das auch unter dem Namen »Spreepalast Kyffhäuser« bekannte Haus galt als die Nummer Eins am Niederschöneweider Ufer.

Die Rudersportler orientierten sich auch aufgrund der zunehmenden Industrialisierung noch weiter stadtauswärts. In Grünau, am von der Dahme durchströmten Langen See, fanden sie ihr neues Eldorado. Berlins berühmteste Regattastrecke wurde in Grünau eingerichtet, der Berliner Yachtclub siedelte sich an, und mit dem »Bellevue« und dem »Gesellschaftshaus« entstanden in ganz Berlin weit bekannte Ausflugs- und Veranstaltungslokale. Diese beiden einst hochgelobten Häuser bieten gegenwärtig einen trostlosen Anblick an der Grünauer Regattastraße, das einzig Gute daran – sie stehen noch. Im wiedervereinten Berlin sucht Grünau noch nach seiner einstigen Bedeutung, nach jahrelanger Stagnation gab es jüngst einige zukunftsweisende Aktivitäten.

Gruss aus Grünau, 1899.

Gruss aus Grünau, 1900. Mit dem 1944 zerstörten Vereinshaus des Berliner Yacht-Clubs, dem 1973 abgerissenen Sportdenkmal am Tausend-Meter-Punkt der Regattastrecke, der Brigg »Maria«, einem vor Grünau ankernden Restaurantschiff, und dem Müggelturm in den gegenüberliegenden Müggelbergen.

Den schönsten Überblick auf das Grünauer Sportufer bekommt man von der gegenüberliegenden Seite, auf der sich die Villenkolonie Wendenschloss befindet, beide Ufer sind durch eine Fähre verbunden. Neben stattlichen Ufervillen gibt es hier auch ein traditionelles Strandbad.

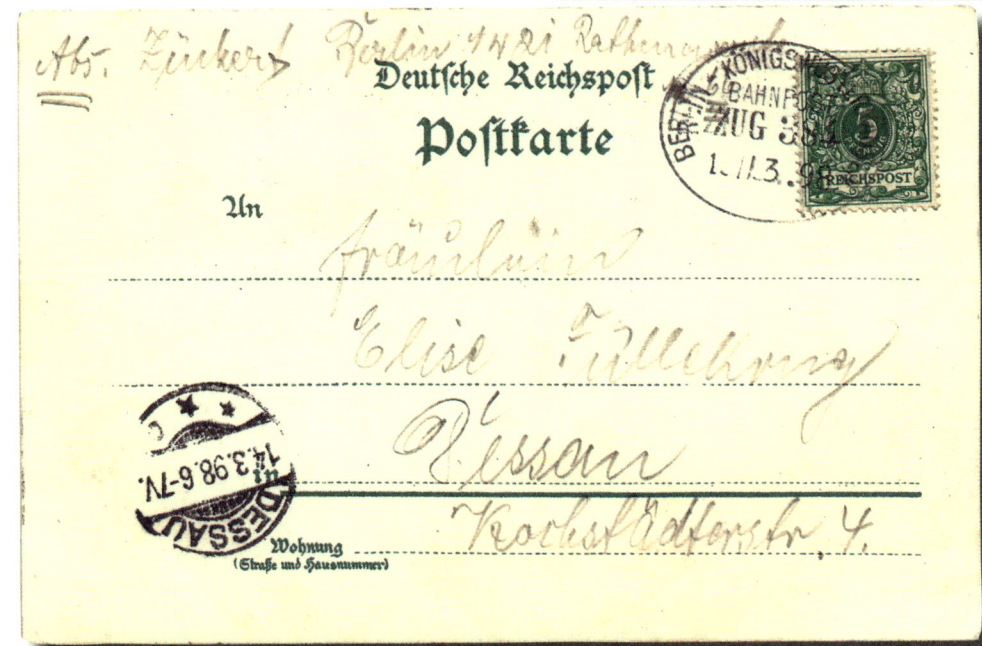

Grünau, Restaurant Wendenschloss, 1898. Darauf die an ein Fräulein Elise in Dessau gerichtete Ausflugsbotschaft: *Liebes Lieschen! Wir haben heute eine wunderschöne Partie von Friedrichshagen über die Müggelberge nach Grünau gemacht. Mit herzlichen Grüßen Hermann, Willi, Martha.*

Den Beginn des Strukturwandels in Schöneweide zeigt die Panoramaansicht des Ortes geradezu perfekt. Das hiesige Ufer wird schon von ersten Industriebetrieben eingenommen, gegenüber in Niederschöneweide dominiert noch die Reihe der Ausflugslokale das Spreeufer, auch diese werden in den kommenden Jahren von Produktionsstätten verdrängt. Die Verbindung zwischen beiden Ortsteilen stellt der Kaisersteg (ganz rechts) her. Diese Brücke ist 2007 wieder neu errichtet worden und sorgt zusammen mit den vielen sanierten Fabrikgebäuden entlang der Wilhelminenhofstraße für eine spannende postindustrielle Atmosphäre, deren Kehrseite die hohe Arbeitslosenrate unter den hier lebenden Menschen ist.

Gruss aus Oberschöneweide, 1903.

Stadttheater Coepenick, 1902. Ein Mittelpunkt im städtischen Leben Köpenicks war bis zu seiner Zerstörung im Zweiten Weltkrieg das Stadttheater. Das an den Alten Markt grenzende Haus bot mit seinem vielseitigen Veranstaltungsprogramm, das von Kabarett, Konzerten, Lustspielen und Gesangsveranstaltungen bis zu den beliebten saisonalen Bällen reichte, ein breites Unterhaltungsspektrum für die Einwohner. Hinzu kamen Tanzschule, Kegelbahn, Vereinszimmer, Sommergarten und Hotelbetrieb.

Spindlersfeld, Färberei und Chemische Waschanstalt, um 1900.

Die am Zusammenfluss von Dahme und Spree gelegene historische Keimzelle Köpenicks stellt einen der ältesten Siedlungsräume im Berliner Stadtgebiet dar. Köpenick war neben Berlin/Cölln und Spandau die dritte mittelalterliche Stadt innerhalb der heutigen Stadtgrenzen. Das kleine Fischerstädtchen erlangte 1906 durch den Gaunerstreich des Wilhelm Voigt alias »Hauptmann von Köpenick«, der mit dem Raub der Stadtkasse und der Verhaftung des Bürgermeisters das militaristische kaiserliche Deutschland vorführte, Berühmtheit.

Die historische Altstadt ist teilweise erhalten und wird seit einigen Jahren liebevoll herausgeputzt. Bei einem Spaziergang rund um Rathaus, Kirche und Schloss kann sich jeder Besucher einen Eindruck von dieser Stadt und ihrer Insellage verschaffen.

Im Ortsteil Spindlersfeld, genau gegenüber der Köpenicker Altstadt, brachte Wilhelm Spindler 1873 mit der Inbetriebnahme seiner Großwäscherei und Färberei das Industriezeitalter auch hinaus nach Köpenick. Die riesige Waschfabrik an der Spree sorgte über Berlin hinaus (siehe Abbildung) für Sauberkeit. Der Firmengründer errichtete für seine Arbeiter eine der ersten Fabrikwohnungsanlagen deutschlandweit und war auch Finanzier des Müggelturms. Seine Nachkommen setzten dann den Namen Spindlersfeld für den um die Fabrik entstandenen Ortsteil durch.

Entlang der Frankfurter Bahn gelangt man von Köpenick aus zu weiteren am Spreeufer oder am Müggelsee gelegenen Siedlungen, ehemaligen Kolonistendörfern wie Friedrichshagen, märkischen Fischerdörfern wie Rahnsdorf oder Landhaussiedlungen wie Hessenwinkel oder Hirschgarten. Auch bis hinaus in diese Gefilde zog es damals schon die Berliner Ausflügler und Stadtflüchtlinge. Besonders der Müggelsee und die südlich davon gelegenen Müggelberge mit dem Aussichtsturm gerieten in den Blickpunkt der Sommerfrischler. Üblicherweise brachten die Dampfer die Berliner zu den Gartenwirtschaften wie »Müggelschlösschen«, »Rübezahl« oder »Strandschloss« und einigen anderen, die zusammen einen Kranz um den Müggelsee bildeten.

Gruss aus Friedrichshagen, 1899. Ein sehenswerter Köpenicker Ortsteil erstreckt sich auch heute noch entlang der Bölschestraße zwischen Bahnhof und Müggelsee. Zur Attraktivität der breiten Straße trägt der Wechsel von eingeschossigen Kolonistenhäusern mit stattlichen Gründerzeitgebäuden bei, ebenso die teils urigen Geschäfte. Zwei wichtige, stadtbekannte Betriebe siedelten sich in der Kaiserzeit direkt am Friedrichshagener Seeufer an. Zum einen war dies das Wasserwerk, dessen Museum inmitten des mit gründerzeitlichen Klinkern erbauten Geländes besichtigt werden kann. Von ebensolcher Bedeutung ist die um 1880 gegründete Friedrichshagener Brauerei. Mit den erhaltenen Gebäuden nimmt die Brauerei, nun unter dem Namen »Berliner Bürgerbräu«, einen großen Teil der Friedrichshagener Uferfront ein. Einst versorgte diese Braustätte vor allem die Gastwirtschaften am Müggelsee.

Gruss aus Rahnsdorf, 1899. Am östlichen Seeufer, an der Mündung der Spree in den Müggelsee, liegt das Rahnsdorfer Erholungsgebiet. Hier treffen die Besucher auf eine abwechslungsreiche, von Inseln und Kanälen gekennzeichnete Wasserlandschaft. Eine schon seit über 100 Jahren bestehende Institution ist das »Gasthaus Neu-Helgoland«, eines der wenigen glücklichen Ausflugslokale, die sich unverminderter Beliebtheit erfreuen. Viele andere damalige Wirtschaften im Dorf sind verschwunden und vergessen.

Gruss aus Hirschgarten, 1898. Der kleine Ort an der Müggelspree zwischen Köpenick und Friedrichshagen besaß mit seinem markanten »Grandrestaurant zum Aussichtsturm« eines der originellsten Ausflugslokale im Köpenicker Raum. Das großzügige Gartenlokal war für jeden vorbeifahrenden Dampfer ein Blickfang. Den Zweiten Weltkrieg überstand auch dieses Haus nicht.

On the postcard:
Restaurant "Teufelssee."
Restaurant Marienlust.
Restaurant Aussichtsthurm. Blick nach dem Langen-See.
Gruss aus den Müggelbergen.
Carl Streichhan's Restaurants in den Müggelbergen.
19, 6. 99.
Restaurant Rübezahl.
Kunstanstalt F. L. Adolf Pistor, Dresden.

Gruss aus den Müggelbergen, 1899. Auf dieser Grußkarte sind alle Wirtschaften, welche die Ausflügler beim Durchqueren der Müggelberge aufsuchten, abgebildet. Gewöhnlich reiste man per Dampfer zum »Wirtshaus Rübezahl«, machte Station am Teufelssee, begab sich von dort hinauf zum Müggelturm und wieder bergab zum Langen See, wo am Steg des Restaurants »Marienlust« die Dampfer zurück nach Berlin bestiegen wurden. Alle diese Gastwirtschaften gehen auf den umtriebigen Wirt Carl Streichhan zurück, der schon vor 1900 dieses Areal bekannt machte. Die heutige Bilanz ist eher ernüchternd: Das »Teufelssee-Restaurant« wurde abgerissen, der mystische Waldsee renaturiert, was auch gelungen ist und durch einen Naturlehrpfad noch veranschaulicht wird. Enttäuschung macht sich dann aber beim Aufstieg zum Müggelturm breit. Der 1961 errichtete Turmneubau (nachdem der 1880 erbaute hölzerne Turm bei Restaurierungsarbeiten 1958 in Flammen aufgegangen war) ist von den verwahrlosten Resten des Turmrestaurants umgeben. Bisher konnte wenigstens der Turm dank eines Fördervereins offen gehalten werden. Das herrliche Panorama der Wald- und Seenlandschaft entschädigt dann auch die Besucher zumindest optisch. Unten am Langen See findet man vom Restaurant »Marienlust« nur noch ein paar Treppenstufen und Stegreste.

Im Reigen der Seegaststätten nahm das »Müggelschlösschen« aufgrund seiner Lage und Größe die führende Position ein. Es befand sich direkt gegenüber der Friedrichshagener Brauerei, welche auch als langjähriger Betreiber fungierte.

Nichts außer einer Plattform auf der Anhöhe am Ausgang des Spreetunnels ist vom »Müggelschlösschen« übriggeblieben. Ähnlich erging es dem rund 500 Meter südlich beheimateten »Strandschloss«, lediglich der nach dem Lokal benannte Weg erinnert noch an die frühere Einkehr.

Wichtigster Anlaufpunkt am Südufer des Müggelsees ist traditionell das »Wirtshaus Rübezahl«, der einzige Lokalstandort am See, der auch heute noch von größeren Menschenmengen frequentiert wird. Für den Namen sorgte ein mit Carl Streichhan verwandter Betreiber, der durch seine Statur und wegen seines Bartes an den Berggeist aus dem Riesengebirge erinnerte. So hieß es bald unter den Seglern und Ruderern: »Auf zu Rübezahl!« Die beiden Ansichten zeugen vom sprunghaften Wachstum des Ausflugsbetriebs am Müggelsee. Auf der ersten Abbildung steht lediglich eine Laube mit Steg, die zweite Lithografie zeigt einen massiven Anbau am linken Flügel. Das Haus bekam eine vorgesetzte Loggia, und die Bestuhlung des Gartens reichte bis ans Seeufer.

In den 1970er-Jahren wurde das inzwischen heruntergekommene »Rübezahl« durch einen etwas zurückgesetzten Neubau im Format einer beliebigen Mehrzweckgaststätte ersetzt.

Die Reste dieser Großgaststätte sind inzwischen beseitigt, hier erwartet seit dem Jahr 2000 das neu erbaute, wieder unten am Seeufer angesiedelte Restaurant »Müggelsee Terrassen Rübezahl« die Erholung Suchenden.

Gruß aus dem Müggelschlösschen und dem Strandschloss, beide 1903.

Gruß aus dem Rübezahl, 1900 und 1902.

Östliche und nordöstliche Vororte

Das auf einer Landzunge zwischen Spree und Rummelsburger See gelegene Fischerdorf Stralau entdeckten die Berliner schon vor 1800 als Ausflugsziel. Zu dem Zeitpunkt ließen sich auch die ersten Ruhe suchenden Städter hier nieder. Die große Invasion der vergnügungswilligen Berliner setzte erst ab der zweiten Hälfte des 19. Jahrhunderts ein, ausgelöst vor allem durch den alljährlichen »Stralauer Fischzug«. Das zu Beginn jeder Fangsaison von den Fischern begangene Fest wandelte sich schon ab 1820 zum größten Volksfest Berlins. Scharen von Menschen »überfielen« Stralau, dessen Dorfstraße beidseitig von Buden aller Art gesäumt, die Gartenlokale gerammelt voll und die Spree mit Booten bedeckt war. Das Fest zog sich bis hinüber nach Treptow, dessen Entwicklung zum Ausflugsziel noch in den Kinderschuhen steckte. Der Stralauer Fischzug wurde für die Berliner Polizei oft zum Ärgernis, da der unkontrollierte Massenansturm stets von Krawallen, Schlägereien und pöbelnden Besuchern begleitet wurde.

In der zweiten Hälfte des 19. Jahrhunderts nahm die Berliner Industrie zunehmend von der Halbinsel Stralau Besitz, hier entstanden eine Teppichfabrik, Brauereien und eine Glashütte. Dadurch ging der Charme des Fischerdorfes nach und nach verloren, und das gegenüberliegende Treptow übernahm die Ausflügler gerne. Gegenwärtig befindet sich Stralau auf dem besten Weg, zu einer bevorzugten Wohngegend zu werden, zentrumsnah, ruhig und direkt am Wasser.

Fürstenhaus und Rennbahn in Karlshorst, 1899 nach Kopenhagen versendet. Das prächtige »Fürstenhaus« und die historischen Renntribünen sind leider nicht erhalten.

Sogar das benachbarte, eher durch Industrie und Strafvollzug bekannte Rummelsburg hat eine Vorgeschichte als Ausflugsziel. Am gleichnamigen See gab es drei Badeanstalten, und weit bekannt war das »Café Bellevue«, ein imposantes Etablissement mit legendären Konzert- und Tanzveranstaltungen am See. Rummelsburg erging es ähnlich wie Stralau, aber auch hier gibt es inzwischen einen erfolgreichen Neuanfang als gehobenes, ufernahes Wohnquartier. An dem lange vernachlässigten Rummelsburger Seeufer ist eine einladende Promenade entstanden, von einstigem Schmutz ist nichts mehr zu sehen.

Gruss aus Rummelsburg, Café Bellevue, 1899. Das 1883 eröffnete Lokal stand in der Hauptstraße Nr. 2, auf dem Grundstück befindet sich jetzt ein Klettergarten. Die Postkarte wurde aus dem Café an einen im ostpreußischen Darkehmen dienenden Musketier von seinem Bruder gesendet.

Restaurant Zum Schwanenberg Stralau, 1903. Dieses Lokal nahm die Spitze der Halbinsel ein, direkt an der Fähre hinüber nach Treptow. Während des »Fischzuges« befand sich auf der hiesigen Vogelwiese der Mittelpunkt allen Trubels und Getöses.

Die Villenkolonie Karlshorst entstand parallel mit dem Umzug der Galopprennbahn aus Charlottenburg-Westend hierher ab 1894. In den 1920er-Jahren erwarb sich Karlshorst den Ruf als einer der beliebtesten Vororte Berlins, auch als »Dahlem des Ostens« betitelt. Nach dem Zweiten Weltkrieg verlegte die sowjetische Besatzungsmacht ihr Hauptquartier in diesen Ortsteil. Aus der auch zu DDR-Zeiten weiterbetriebenen Galopprennbahn wurde nach 1990 eine Trabrennbahn, die sich nach Konkurs 2004 relativ erfolgreich neuorientierte.

Weitgehend vergessen ist heute der Name Friedrichsberg, ein südlich der Frankfurter Chaussee (Frankfurter Allee) gelegener Vorort. Das einstige Kolonisten-dorf kam 1907 zur neu gegründeten Stadt Lichtenberg. Friedrichsberg besaß zu dem Zeitpunkt schon mehrere 10 000 Einwohner, welche sich in den rasch erbauten Mietskasernen drängten.

Dagegen konnte das nördlich gelegene märkische Angerdorf Lichtenberg seinen Namen behaupten und umliegende Ort-schaften wie Friedrichsberg, Rummels-burg, Boxhagen, Friedrichsfelde oder auch Wilhelmsberg und Hohenschön-hausen in den nunmehrigen Stadtbezirk integrieren. Der einstige Dorfkern befand sich in der heutigen Möllendorffstraße rund um die alte Dorfkirche, neben der Kirche stammt einzig das Pfarrhaus noch aus dieser Zeit. Seit der Gründerzeit wich der dörfliche Charakter in rasendem Tempo der städtischen und industriellen Entwicklung. Aus diesen turbulenten Jahren stammt die Ansicht des »Schwarz`schen Conzertgartens« an der Lichtenberger Dorfstraße (Möllendorff-straße) Nr. 7.

Hotel Schwarzer Adler in Friedrichsberg, 1901. Ebenso wie der Name Friedrichsberg ist auch der »Schwarze Adler« aus dem Gedächtnis der Berliner weitgehend verschwunden. Dieses Hotel mit Konzertgarten befand sich an der Frankfurter Chaussee 120/ Ecke Gürtelstraße.

Gruss aus dem Conzertgarten Lichtenberg, 1899. Dieses Etablissement ist wie fast der ganze ehemalige Anger im Krieg zerstört worden. Als »Gruss aus der Heimat« wurde diese Post-karte an eine auf der Nordseeinsel Borkum urlaubende Familie gesendet, damals ein nur wenigen Lichtenberger Familien vorbehaltenes Privileg.

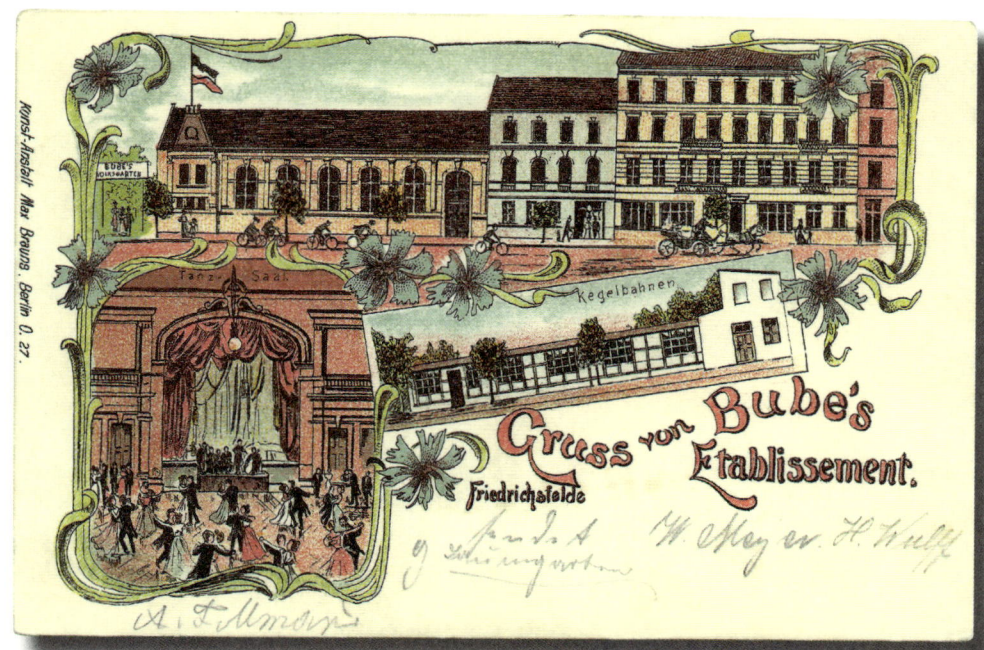

Friedrichsfelde, Bube´s Etablissement, 1909. Am alten Dorfkern von Friedrichsfelde befand sich mit dem abgebildeten Lokal in der Prinzenallee (heute Einbecker Straße) eine der wichtigsten Vergnügungsstätten des Ortes. Der Tanzsaal des Hauses diente ab den 1930er-Jahren als Kino (»Schloss Lichtspieltheater«), wurde allerdings schon in den 1980er-Jahren geschlossen und 2009 abgerissen. Inzwischen fehlt auch das drei-geschossige Gebäude, lediglich das große Mietshaus, kaum noch zu erkennen, steht verwahrlost direkt am östlichen U-Bahn-Zugang.

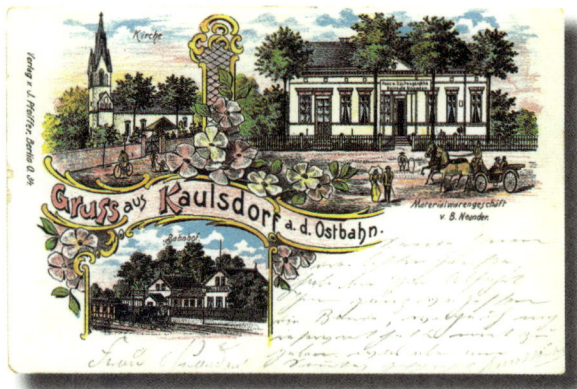

Gruss aus Kaulsdorf a. d. Ostbahn, 1901. Aus dem abgebildeten Materialwarengeschäft ist nun eine Kindertagesstätte geworden, die Fassade des Hauses ist geglättet worden.

Südöstlich von Lichtenberg stößt man mit dem Ortsteil Friedrichsfelde auf ein weiteres ehemaliges Straßendorf, das inzwischen völlig in der Stadtfläche aufgegangen ist. Der historische Dorf-kern befand sich in der heutigen Alfred-Kowalke-Straße. Friedrichsfelde verfügt mit Schloss und Schlosspark (heute Tier-park) über stadtbekannte Wahrzeichen. Neben einigen erhaltenen Gebäuden aus der Gründerzeit und vereinzelten älteren Siedlungshäusern dominieren viel-geschossige Wohnbauten aus den 1970er-und 1980er-Jahren das einstige Dorf.

Noch weiter stadtauswärts an der Ostbahn liegt mit Kaulsdorf eine der wie an einer Perlenschnur aufgereihten ehemaligen, seit 1920 zu Groß-Berlin gehörenden märkischen Gemeinden. Glücklicherweise befindet sich der Dorf-kern ein paar Schritte entfernt von der lärmenden B1/B5, worunter beispiels-weise das benachbarte Biesdorf, dessen historischer Kern vom Durchgangsverkehr seit Jahrzehnten überrollt wird, merklich leidet. Geradezu himmlisch ruhig geht es dagegen im alten Kaulsdorf zu. Zahlreiche Berliner aus den neuen Wohnvierteln Marzahn und Hellersdorf nutzen das direkt an Alt-Kaulsdorf vorbeiführende, gut ausgebaute Wuhletal heute als grüne Oase.

Die Vororte Hohenschönhausen und Weißensee kannten die Berliner damals vor allem als Ausflugsziele. Das märkische Straßendorf Weißensee war um 1900 schon sehr verstädtert, beherbergte einige Fabriken und Berlins erste Trabrennbahn. Am Weißen See und am Orankesee standen beliebte Vergnügungsstätten, an die sich nur noch wenige erinnern.

Die beiden Seen sind aber bis heute wichtige Erholungsoasen im inzwischen dicht besiedelten Berliner Nordosten geblieben. Besonders das 1859 errichtete »Schloss Weissensee« war eine stadtbekannte Institution. Untrennbar ist diese Lokalität mit dem Namen Rudolf Sternecker verbunden. Der auch von der »Neuen Welt« an der Hasenheide bekannte Gastronom baute hier am See-

ufer einen Vergnügungspark mit Seetheater, Musikpavillons, Riesenrad, Karussells, Hippodrom, dazu Restaurant, Badeanstalt und Bootsverleih. Sein Werk wurde aber schon 1919 durch einen Großbrand vollkommen vernichtet, den die kriegsbedingt hier untergebrachte Garnison ausgelöst hatte.

Am benachbarten Orankesee stand einst das von der nahen »Actienbrauerei Hohenschönhausen« betriebene Wirtshaus. Der Garten des Lokals bot Platz für 5 000 Besucher, die mit regelmäßigen Konzert- und Tanzveranstaltungen unterhalten wurden. Das Haus besaß zudem einen kleinen Tierpark, Tennisplätze und einen Bootsverleih. Von alldem ist nichts mehr erhalten, inzwischen gibt es neben dem gut besuchten Strandbad

auch wieder einen neuen ausgedehnten Biergarten.

Über Pankow kamen unternehmungslustige Großstädter auch hinaus bis nach Niederschönhausen, um in den zahlreichen Gartenlokalen einzukehren. Auch hier sind das längst vergangene Zeiten, bis auf wenige Ausnahmen sind die Spuren der Sommerlokale verschwunden. Eine Ausnahme bildet das renovierte »Ballhaus Berlin« an der Grabbeallee. Unter dem Namen »Restaurant Schloss Schönhausen« war das 1880 erbaute Etablissement eine der bekanntesten Ausflugsgaststätten im Berliner Norden.

Bedauerlicherweise fehlt seit dem Abschluss der Sanierungsarbeiten ein schlüssiges Nutzungskonzept, um den riesigen Saal sinnvoll zu bewirtschaften.

Hohenschönhausen, Gruss vom Orankesee, 1900.

Blick auf das Seetheater.

Gruss aus Schloss Weissensee.
Inhaber Karl Koch.

Gruss aus Schloss Weissensee, 1902.

Gruss aus NIEDER-SCHÖNHAUSEN
Teleph.: Amt Pankow № 70. Restaurant Schloss Schönhausen

Niederschönhausen, Restaurant Schloss Schönhausen, 1898. Mit der fröhlichen Mitteilung einiger Ausflügler: *Wir sitzen hier gemütlich in Pankow, haben ebend den schönen Tanz gescherbelt (Pankow, Pankow, kille, kille).*

Pankow selbst war um die Jahrhundertwende nicht nur ein beliebtes Sonntagsziel der Berliner Familien, die Gemeinde
warb auch heftig um neue wohlhabende
Einwohner. Dafür wurde beispielsweise
der oben abgebildete Amalienpark konzipiert. Am alten Dorfanger errichteten
die Bürger ihr stolzes Rathaus, und 1907
wurde der Pankower Bürgerpark eröffnet.
Eines der zahlreichen Ausflugslokale
war das »Wirtshaus zum Pankgrafen«,
hier gab es sogar eine kleine Flussbadeanstalt. Wie so häufig überstand auch
dieses Haus den Zweiten Weltkrieg nicht.

Dieses Schicksal blieb auch dem
»Restaurant Liedemit« an der Niederschön-
hausener Dorfkirche nicht erspart, den einstigen Friedensplatz (heute Ossietzkyplatz)
säumten damals fünf Restaurants und ein
Café. Außer der Dorfkirche ist davon nichts
geblieben, der verkehrsreiche Platz ist
momentan einfach unansehnlich.
Anziehungspunkt ist das frisch restaurierte
Schloss Niederschönhausen, und nach wie
vor der Pankower Bürgerpark. Nach
flächendeckenden Sanierungsarbeiten ver-
zeichnen die Pankower Gründerzeitstraßen
inzwischen einen erheblichen Zuzug, der
Ort knüpft an seine Vergangenheit an.

Gruss aus Pankow, um 1905. Mit einer
frohen Ausflugsschar und dem
Gassenhauer *Kille Kille Pankow*, womit
Pankow regelrecht »geadelt« wurde, denn
dieser sowie auch *Bolle reiste jüngst zu
Pfingsten / Und Pankow war sein Ziel*
spielte man in allen Tanzsälen Berlins rauf
und runter.

**Gruss aus Pankow, Wirts-
haus zum Pankgrafen,** 1898.

Wirthshaus zum Pankgrafen.

Wirthshaus zum Pankgrafen.

Gasthaus zum Pankgrafen.

Gruss aus PANKOW

Fernsprecher:
Amt Pankow № 104.

Concertgarten.

Kunstanstalt C. Aug. Droesse, Berlin S. 42.

Postkarte

An Frau Emma Hoeff

in Südende-Berlin

Wohnung
(Straße und Hausnummer)

Gruss aus Niederschönhausen, Restaurant Liedemit, 1900.

Entlang der Nordbahn und der Oberhavel

Mit der Inbetriebnahme der Nordbahn 1877 rückten einige bis dato abgelegene Ortschaften in den Fokus der Hauptstädter. Die Bahnlinie brachte erstmals zahlreiche Sonntagsausflügler in das vorher weitgehend unbeachtete, nordwestliche Umland, darüber hinaus kamen zunehmend auch Sommerfrischler hierher, die ihre Ferien im nördlichen Umland verlebten. Angelockt von Kaufofferten siedelten sich auch erste Berliner dauerhaft entlang der Bahntrasse an.

Über die Station Schönholz an der Nordbahn war auch das um 1900 schon fast verstädterte Reinickendorf gut erschlossen. Mit dem Nordbahnabzweig nach Velten bekam Reinickendorf einen eigenen Bahnhof. Der Ort entwickelte sich

rasch, wie beispielsweise auch Lichtenberg, zu einer berlintypischen gründerzeitlichen Vorstadtmischung aus rasch hochgezogenen Mietshäusern und Fabriken. Am Schäfersee bot die Gemeinde mit dem Seebad Reinickendorf sogar eine beliebte Anlaufstelle für Ausflügler aus dem nahen Berlin. Der einst am See platzierte »Kaiser-Friedrich-Garten« lockte mit Konzerten, Tanzveranstaltungen, Bootsverleih und Badeanstalt hinaus nach Reinickendorf. Die Ausflügler saßen in Lauben oder im verglasten Pavillon direkt am Seeufer. Dieser Trubel ist heute kaum mehr vorstellbar, alle einstigen Anlagen sind zerstört und überbaut worden. Auch das im Zentrum des wilhelminischen Reinickendorf an der

Residenzstraße beheimatete Gebäude mit dem »Restaurant Wartburg« hat den Krieg nicht überstanden.

In die Schönholzer Heide, einem direkt an die Nordbahn angrenzenden ausgedehnten Waldgebiet, fuhren die Familien ebenfalls gern. Hier befand sich mit dem »Schloss Schönholz« der bekannteste Anlaufpunkt. Das aus einem Gutshaus entstandene Lokal verfügte sogar über Tennisplätze und einen kleinen Lunapark. Nach harten Stellungskämpfen am Ende des Zweiten Weltkrieges ist auch von diesem Berliner Kleinod nichts mehr übrig geblieben, die Rote Armee errichtete an der Schönholzer Heide ein Ehrenmal, ansonsten ist dieses Gelände glücklicherweise bis heute unbebaut geblieben.

Gruss vom Seebad Reinickendorf,
1898.

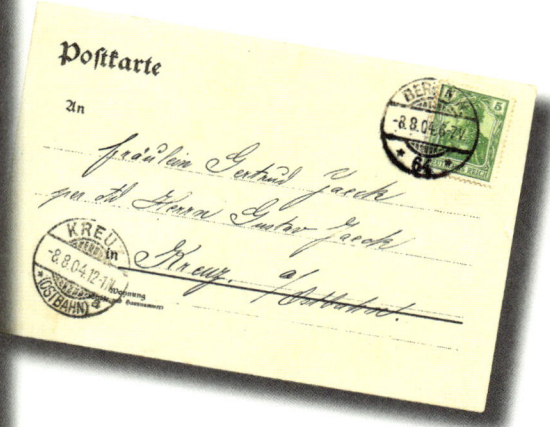

Gruss aus Reinickendorf, 1904.

Gruss aus Schloss Schönholz, 1901.

On the postcard:

Gruss aus dem Bergschloss-Restaurant

Weidmannslust

F. MÜLLE

KÜNSTLERPOSTKARTE DER KUNSTANSTALT H.A.J.SCHULTZ, HAMBURG Z.V.N.

D.A.G.

Gruss aus Waidmannlsust, Bergschloss, 1902.

Der clevere Förster Ernst Bondick sorgte 1875 mit dem Erwerb eines großen Waldgebietes für Unmut bei seinem Herrn, dem Hermsdorfer Gutsbesitzer von Lessing. Aus dessen Diensten entlassen, errichtete Bondick auf seinem neuen Grund zunächst eine Waldgaststätte mit Logierzimmern und Jagdbetrieb, die er »Waidmannslust« nannte. Nach Inbetriebnahme der Nordbahn hoffte der weitsichtige Förster auf Verkäufe einzelner Parzellen aus seinem Besitz, diese Rechnung ging auf und zusätzlich kamen mehr und mehr Berliner für einen Tagesausflug in seine Gaststätte. Direkt am Bahnhof, auf einer burgartigen Anhöhe, befand sich damals das abgebildete »Restaurant und Kurhaus Bergschloss«.

Hermsdorf war zur Kaiserzeit zunächst für seine Ziegeleibetriebe bekannt. Der schon erwähnte Gutsbesitzer von Lessing sah angesichts der starken Konkurrenz seine Ziegelproduktion schon bald im Hintertreffen. Er beendete die Produktion rechtzeitig und wandelte die Gemeinde nach und nach in einen Luftkurort um. »Bad Hermsdorf« klingt aus heutiger Sicht ein wenig ungewöhnlich, aber von Lessing verstand es mit erfolgreichen Bohrungen nach solehaltigem Wasser für einige Jahre einen Kurbetrieb in Gang zu setzen. Auf dem Grundstück des einst größten und bekanntesten Hermsdorfer Ausflugslokals, dem von Theodor Leffter 1892 auf einer Anhöhe östlich des Bahnhofes gegründeten »Waldschlösschen«, entstand 1934 die neue Kirche von Hermsdorf.

Der Bahnhof Hermsdorf dient auch heute noch als Ausgangspunkt von Wanderungen auf historischen Spuren entlang des Tegeler Fließes. Vorbei am Hermsdorfer See führt dieser Weg ins Pferdeparadies Lübars. Dieses märkische Dorfidyll lockt heute wahrscheinlich mehr Besucher an als einst. Im »Alten Dorfkrug« des Ortes bekommt man neben hervorragender Bedienung auch ein Gefühl für die Vergangenheit dieser weitgehend erhaltenen, alten Gemeinde.

Conzertgarten im Waldschlösschen in Hermsdorf, 1918. Diese in die Nähe von Hamburg versendete Postkarte eines verletzten Soldaten des Ersten Weltkriegs aus dem inzwischen zu einem Lazarett umgebauten »Waldschlösschen« zeugt von den Nachwirkungen des Krieges: *Lieber Bruder Rudi, Die besten Grüsse aus Hermsdorf sendet Dir Dein Bruder Arthur – in diesem Hotel liegen wir.*

Gruss aus Lübars, 1900.

Hohen Neuendorf und Birkenwerder verdanken ihr Wachstum ebenfalls im Wesentlichen der Nähe zur Nordbahn. Die unternehmungslustigen Hauptstädter waren auf ihren Sonntagstouren immer offen für neue Ziele, sie mussten nur einigermaßen bequem erreichbar sein. Entlang den Nordbahnhöfen und in den Berliner Zeitungen wurde häufig für die Orte geworben. Neben den zahlreichen Wirtschaften, die um Gäste warben, versuchten die Gemeinden auch Sommergäste oder neue Bewohner für die zahlreichen Parzellen zu finden.

An der zunächst Stolpe (nach dem nahen gleichnamigen Dorf) genannten Station begann schon kurz nach der Inbetriebnahme der Bahn eine rege Bautätigkeit, aus der das heutige Ortszentrum von Hohen Neuendorf hervorging. Beispiele dafür sind die abgebildeten Restaurants »Fichtenhain« und »Waldeshöh«. Die Gemeinde richtete zu dieser Zeit einen Kurpark und die Badeanstalt Neu-Grunewald ein.

Im benachbarten Birkenwerder bildeten der Boddensee und das angrenzende Briesetal die beliebtesten Anziehungspunkte, an denen zahlreiche Ausflugslokale eröffnet wurden. Beide Ziele waren bequem von der Nordbahnstation zu erwandern. Birkenwerder profitierte zudem von der Verlegung des kaiserlichen Jagdreviers in das hiesige Waldgebiet und vom Bau des Hohenzollernkanals.

Auch die Stadt Oranienburg geriet ins Visier der Hauptstädter. Per Bahn und Dampfer reisten die Berliner auch bis hier hinaus. Rund um den Lehnitzsee endstanden Pensionen und Gartenwirtschaften. Das Lehnitzer Ufer war damals auch als »Perle des Nordens« bekannt, dieser Ruf beruhte vor allem auf dem Erfolg des einstigen »Terrassenrestaurants zum Seelöwen«.

Gruss aus Hohen-Neuendorf, 1903. Die während des Krieges zerstörte Wirtschaft »Fichtenhain« befand sich an der Berliner Chaussee unweit vom Bahnhof.

Gruss aus dem Restaurant Waldeshöh, Stolpe/Nordbahn, 1902. Aus dem erhaltenen Lokal »Waldeshöh« ist heute die »Gastwirtschaft und Pension Märchenhaus« an der Berliner Straße/Ecke Florastraße geworden. Den Namen »Waldeshöh« beabsichtigte die damalige Siedlungsgesellschaft dem gesamten um den Bahnhof entstandenen Ort zu geben, das wurde nicht genehmigt, und so blieb man Teil von Hohen-Neuendorf. Auf dieser schönen Grusskarte findet sich diese Mitteilung eines Berliner Ausflüglers: *Glücklich angelangt, Luft, Wald, Appetit alles gut und wie Ihr oben im Bild seht, bin ich mit Muttern, welche im neuesten Kleide ist, schon feste beim Scherbeln.*

Gruss aus Birkenwerder, 1899. Eine von einst drei großen Ufergaststätten am Boddensee war das abgebildete, nicht erhaltene Restaurant. Darauf liest man: *Augenblicklich im Restaurant Boddensee. Es ist hier sehr schön. Besten Gruß.*

Strandhalle am Lehnitzsee, 1905. Die am Oranienburger Ufer gelegene »Strandhalle« existierte noch bis in die 1970er-Jahre.

Aus dem am gleichnamigen See gelegenen Dorf Tegel begann Ende des 19. Jahrhunderts eine erfolgreiche Vorstadtgemeinde zu entstehen. Die Heimat der Familie von Humboldt (die berühmten Brüder Alexander und Wilhelm von Humboldt hatten im Tegeler Schloss gewohnt) rückte durch die verkehrstechnische Erschließung mittels Straßenbahn und Kremmener Bahn (Abzweig der Nordbahn nach Velten) in vielerlei Hinsicht in den Blickpunkt der Hauptstadt. Zunächst sei der enorme Ausflugsverkehr an den Tegeler See genannt, der zahlreiche Gaststätten, Herbergen, Badeanstalten, Wassersportler und Dampferanleger hervorbrachte.

Zu Beginn des 20. Jahrhunderts bauten die Tegeler ein Hafenbecken, von dem aus eine Industriebahn durch die nördlichen Vororte (damaliger Kreis Niederbarnim) bis nach Friedrichsfelde an der Ostbahn führte. Von entscheidender Bedeutung war die Ansiedlung der Firma Borsig, die ihr zu klein gewordenes Fabrikgrundstück in Moabit gewinnbringend verkaufte, um sich am Tegeler See anzusiedeln. Seit 1898 wurden dann in einem der damals modernsten Werke Lokomotiven gefertigt.

Hier arbeiteten in den ersten Jahren schon an die 5 000 Menschen. Und Tegel expandierte weiter, hinzu kamen noch ein Wasser-, ein Gas- und ein Elektrizitätswerk, eine Haftanstalt und eine Krupp-Waffenfabrik in der ehemaligen Germaniawerft.

Für die Gemeinde Tegel verliefen diese Jahre unglaublich dynamisch, vergleichbar etwa mit der AEG-Ansiedlung in Schöneweide. Anders als dort verlor Tegel jedoch nie seine Anziehungskraft als Ausflugsziel und verfügt bis heute über ein gepflegtes, ansehnliches Wohn- und Geschäftsviertel.

Gruss aus Dressel´s Restaurant, Tegel, 1900. Das Lokal an der Berliner Straße, zu dem auch der abgebildete Dampfer »Flora« gehörte, musste 1954 einem mehrgeschossigen Geschäftshaus weichen.

Kaiser-Pavillon Schloss Tegel.

Kaiser-Pavillon Schloss Tegel.

GRUSS aus Tegel.

Fernspr. N° 139.

Malch See.

Gruss aus Tegel, Kaiser-Pavillon, um 1900. Dieses stattliche Etablissement befand sich gemeinsam mit dem »Tegeler Kurhaus« nördlich des Hafenbeckens in Schlossnähe.

Gruss aus Tegel, Blick zum Strandschloss, 1908. Das »Strandschloss« dominierte einst die Silhouette von Tegel, es befand sich inmitten des Ausflugsgetümmels direkt an den Dampferstegen der Sternreederei. Zwei Brüder grüßen darauf ihre Mutter Martha Haupt in der Fennstraße, Berlin N.:
Liebe Mutter! Wir sitzen hier in Tegel beim Glase Bier und senden Dir von hier die herzl. Grüße. Theo + Hermann.

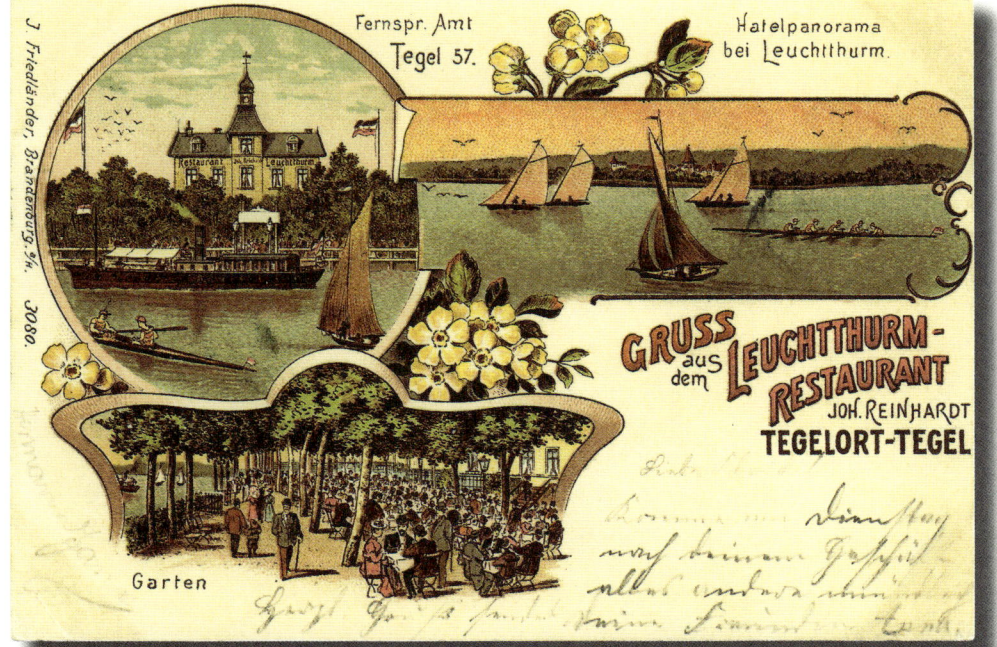

Gruss aus dem Leuchtturm-Restaurant Tegelort, 1904. Das beliebte Haus wurde durch einen Bombentreffer im Zweiten Weltkrieg zerstört.

Auch die am gegenüberliegenden Seeufer liegende Gemeinde Tegelort verfügte zur Kaiserzeit über eine Kette von Gartenlokalen. An der hiesigen Landspitze, dem Wasserkreuz zwischen Havel und Tegeler See, begrüßte einst das »Leuchtturm-Restaurant« die Schiffer und Ausflügler. Die hier ansässige Fährverbindung hinüber nach Valentinswerder, Hakenfelde und Saatwinkel, hieß deshalb im Volksmund auch nur die »Leuchtturmfähre«.

Gruss aus Blumshof-Saatwinkel, 1904, versendet an ein Fräulein Markgraff im »Strandschloss Tegel«.

Direkt gegenüber von Tegelort am westlichen Havelufer liegt Hakenfelde, ein besonders gern von der Spandauer Einwohnerschaft aufgesuchter Ausflugsort. Angelockt wurde sie vor allem vom »Gartenlokal Waldschlösschen« auf dem Gelände des ehemaligen Gutes Hakenfelde. Besser bekannt war es unter dem Namen »Pepitas Ruh«, nach der hochverehrten spanischen Tänzerin, die auf Gut Hakenfelde lebte. Das zur Jahrhundertwende überaus populäre Haus wurde in den 1950er-Jahren abgerissen. Hakenfelder Ausflugshistorie kann heute noch in der »Villa Schützenhof« an der Neuendorfer Straße erlebt werden.

Saatwinkel ist ein weiteres Sonntagsziel am südlichen Tegeler See, zu dem die Berliner einst per Pferdedroschke oder Kremser anreisten. Besonders zu Pfingsten, anlässlich der Fuhrherrenfeste, strömten die Menschen in diesen etwas abgelegenen Flecken am westlichen Rand der Jungfernheide. Das bekannteste Lokal in Saatwinkel war der in seiner historischen Form erhaltene traditionsreiche »Blumeshof«.

Schon zu Spandau gehört das südlich angrenzende Haselhorst, das eher durch Industrie und Militär bekannt geworden ist. Doch auch am hiesigen Havelufer – der Fluss verbreitert sich nun zum Spandauer See – gab es ein weiteres Ausflugsetablissement mit dem Namen »Waldschlösschen«. Das Haus befand sich an der heutigen Lilly-Palmer-Promenade vis-à-vis der großen Insel Eiswerder.

Gruss aus Restaurant Saatwinkel, 1900.

Gruss aus Hakenfelde, 1898.

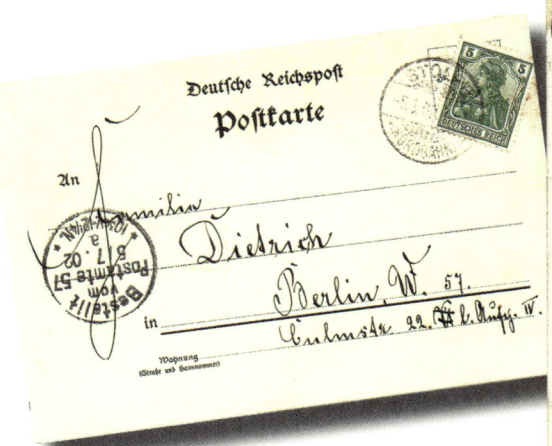

Gruss aus Haselhorst, 1907, nach Kattowitz in Oberschlesien an einen Herrn Monteur Barkholz bei der dortigen Kgl. Telegrafenwerkstatt adressiert.

Von Spandau bis Wannsee

Die alte Festungsstadt Spandau kann mit einer eigenen, fast 800-jährigen ereignisreichen Stadtgeschichte aufwarten und nimmt deshalb zusammen mit Köpenick eine Sonderstellung unter den 1920 zu Groß-Berlin verschmolzenen Vororten ein. Wie auch Köpenick (Dahme/Spree) befindet sich die Spandauer Altstadt an einer Flussmündung, hier ist es die Spree, die in die Havel mündet. Den Festungscharakter und die Geschichte der Stadt kann man in der Zitadelle aus dem 16. Jahrhundert und den heute darin untergebrachten Museen erleben.

Spandau war lange Zeit ein überaus wichtiger Standort der Rüstungsindustrie und Garnisonstadt. Trotz schwerer Zerstörungen während des Zweiten Weltkriegs bietet die verkehrsberuhigte Altstadt mittelalterliches Flair, das man bei einem Spaziergang zwischen Kolk, Marktplatz, Lindenufer und Zitadelle erleben kann.

Gruss aus Spandau, 1902.

Spandau, Charlottenbrücke, 1905. Die darauf abgebildeten Gebäude sind weitgehend verschwunden; Krieg und Wiederaufbau (die zweigeschossige Häuserzeile in der Bildmitte wurde schon in den 1920er-Jahren abgerissen und neu bebaut) ließen an dieser Stelle fast nichts von der historischen Bausubstanz zurück. Die abgebildete, 1886 erbaute Brücke wurde 1926 durch die bis heute bestehende Stahlbogenbrücke ersetzt. Die Postkarte ist mit einem Gruß an ein Fräulein Rosa Langer in Mohrsdorf in Sachsen gerichtet: *Liebe Rosa! Ich bin jetzt hierher kommandiert worden, es gefällt mir ganz gut.* Absender ist ein Gefreiter von der Kgl. Infanterie in Spandau-Ruhleben.

Alt-Spandau.

Verlag Rob Reimer, Spandau.

Alt-Spandau am Viktoria-Ufer, 1905. Diese mittelalterliche Häuserzeile an der Moritzbrücke ist nicht mehr erhalten. Auch diese Postkarte beinhaltet Soldatenpost, hier ein Grenadier vom 5. Garde-Regiment zu Fuß namens Albert Räsche, der einem Fräulein Marie Böttke in Essen diesen kurzen Gruß sendet.

Spandau.-Schönwalderstrasse mit Kaiser-Café.

Verlag Rob. Reimer. Spandau.

Schönwalder Straße mit Kaiser-Café, um 1905. Gründerzeitliche Bauten dominierten die Spandauer Neustadt. Die Schönwalder Straße war eine der nordwestlichen Achsen und zusammen mit der nördlich hinausführenden Neuendorfer Straße schon durch Straßenbahnen erschlossen. Die abgebildeten Gebäude sind an dieser Kreuzung nicht mehr erhalten.

Bedingt durch den Status Spandaus als Garnisons- und Festungsstadt siedelten sich zahlreiche militärisch geprägte Fabriken rund um den Spandauer See an. Die Schwerpunkte der Rüstungsproduktion lagen zwischen Zitadelle, Spree und Stresow sowie auf der Insel Eiswerder. Bereits ab 1722 produzierte die Spandauer Gewehrfabrik, hinzu kam die komplette Palette des militärischen Bedarfs von einer Pulverfabrik über eine Geschützgießerei bis zur Artilleriewerkstatt. An dieser Stelle breiteten sich unzählige Fabriken, Laboratorien und Werkstätten aus, die zeitweise bis zu 70 000 Menschen beschäftigten. Ein großer Teil der Gebäude ist während des Zweiten Weltkrieges zerstört worden, aber es stehen noch so viele sehenswerte Bauwerke, dass es sogar Führungen durch dieses Spandauer Industrieviertel gibt.

Spandau. Spreemündung.

Spandau, Blick über den Industriekomplex an der Spreemündung, 1928. Vom Spandauer Rathausturm bietet sich ein von Fabrikschornsteinen dominiertes Panorama entlang der Spreemündung. In der Bildmitte verbindet die neue Charlottenbrücke die Altstadt mit Stresow. Davor ist auf dem linken Havelufer das Viertel um die Breite Straße, gegenüber unter anderem die Artilleriewerkstatt auszumachen.

Blick auf Siemensstadt, um 1915. Im Vordergrund links erstreckt sich das Kabelwerk, mit dem im Jahre 1900 die Produktion an dieser Stelle begann, in der Bildmitte im Hintergrund ist das 1913 eingeweihte Verwaltungsgebäude an der Nonnendammallee auszumachen.

Auf den zu Spandau gehörenden Nonnenwiesen begann ab 1899 durch die Berliner Firma Siemens & Halske eine neue Epoche in der Industriegeschichte der Stadt. In bisher nicht dagewesenen Dimensionen erbaute sich hier eine erfolgreich expandierende Firma einen eigenen Stadtteil mit Werkshallen und Wohngebäuden. Nach und nach wurde die Produktion aus den bisherigen Standorten Kreuzberg und Charlottenburg hierher verlagert, 1913 arbeiteten in der mittlerweile Siemensstadt getauften Siedlung schon 20 000 Menschen. Aus dieser Zeit stammt die Panorama-Ansicht der Produktionsstätten.

Das Werk besaß einen Hafen und natürlich einen Gleisanschluss. Um die Menschenmassen zur Arbeit zu bringen, wurde eigens eine S-Bahnabzweigung nach Siemensstadt gebaut (heute stillgelegt). Um das Werk herum entstanden in den folgenden Jahren großflächig Werkswohnungen für die Belegschaft.

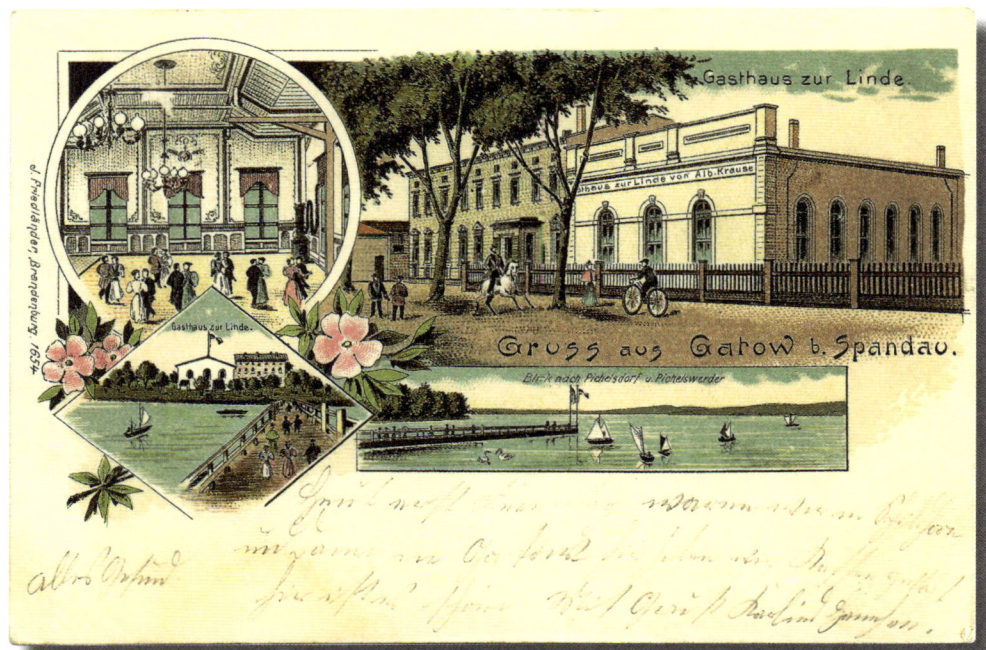

Südlich von Spandaus Wilhelm-stadt wird es am westlichen Havel-ufer rasch idyllisch, daran hat sich in den letzten hundert Jahren nicht viel geändert. Die Berliner und Spandauer nutzen traditionell das Westufer für Aus-flüge, zum Wassersport oder einfach zum Baden. Parallel zur Havel reihen sich die einst märkischen Straßendörfer Gatow, Kladow und das schon zu Potsdam ge-hörende Sacrow hintereinander. Einzig die nach dem Krieg von den Briten über-nommenen Kasernen und der Flugplatz Gatow brachten ein wenig Unruhe in diese Gemeinden. Sacrow wurde durch die Mauer abgetrennt und geriet ins Abseits.

Inzwischen ist das ganze Gebiet wieder zu einer Berliner Erholungsoase gewor-den, welche durch die hervorragende Wasserqualität der beiden großen im Westen angrenzenden Seen (Groß-Glieni-cker- und Sacrower See) noch an Anzie-hungskraft gewonnen hat.

Gruss aus Gatow, 1898. Bei dem abge-bildeten »Gasthaus zur Linde« gelang es vor einigen Jahren, nach langem Leerstand mit überzeugendem Konzept ein historisch bedeutendes Berliner Ausflugslokal neu zu beleben. Unter dem Namen »Casa Italiana da Alberto« behielt das Haus viel vom Charme seiner Vergangenheit, außen ebenso wie bei der behutsamen Restaurierung der Innenräume.

Gruss aus Cladow, 1903. Vom Kladower Gasthaus »Helgoland«, dessen riesiges Gelände sich vom Sacrower Kirchweg bis hinunter zum Havelufer erstreckte, existiert lediglich ein heute als Wohnhaus genutzter Rest. Kladows schön hergerichtete Uferpromenade wird heute von neuen Gartenwirtschaften erschlossen, hier sitzt man so schön wie einst. Die nach Görlitz gesendete Karte ist versehen mit diesem Gruß einer Ausflugsgruppe an einen August Lange: *Aus der lieben Heimat senden Euch die herzlichsten Grüße (…)*.

Der Wannsee hat bei den Hauptstädtern einen ähnlichen Bekanntheitsgrad wie beispielsweise das Brandenburger Tor. Hier hinaus fährt man seit Generationen, um sich am wunderschönen Strandbad in der Sonne zu aalen. Doch schon lange bevor das Strandbad in den 1920er-Jahren aufmachte, fuhren zahlreiche Ausflügler zum Wannsee, der durch die günstige Bahnanbindung leicht erreichbar war. Der historische Dorfkern der Gemeinde befindet sich jedoch etwas abseits, im einstigen zwischen Stölpchensee und Pohlesee gelegenen Stolpe.

Die Ausflugslokale siedelten sich jedoch rund um den Großen Wannsee an, hier gab es gleich am Bahnhof mit dem »Kaiserpavillon« eine riesige Gartenwirtschaft und ein erstrangiges Speiselokal mit Panoramablick über den See. Etwas weiter nördlich, unweit des heutigen Strandbades, luden das »Restaurant Schloss Wannsee«, der »Beelitzhof« und die »Wilhelmshöhe« in den Ortsteil Beelitzhof, und am gegenüberliegenden Seeufer war der »Schwedische Pavillon« ein beliebtes Ausflugsziel.

Gruss aus Sacrow, 1899. Das weithin in der Havellandschaft sichtbare Wahrzeichen des kleinen Ortes Sacrow, ist die berühmte, von Ludwig Persius 1844 errichtete Heilandskirche. Die Kirche gehört samt dem zugehörigen Schlösschen zum Ensemble der Potsdamer Schlösser- und Gärten, zu dem auf Berliner Seite auch Schloss Glienicke oder die Pfaueninsel zählen. Während der deutschen Teilung verlief unmittelbar an der Kirche entlang die Mauer. Das berühmte, bei Ausflüglern beliebte »Wirtshaus zum Dr. Faust« mit Fährverbindung über die Havel erhielt 1945 einen Bombentreffer und wurde im Zuge des Mauerbaus abgerissen.

Auf der an eine Clara Lieblich im Sanatorium »Villa Clara Emilia« in Homburg gerichteten Postkarte liest man diesen Gruß aus Sacrow: *(...) machte bei herrlichstem Wetter und bestem Humor die Tour.*

Gruss aus Stolpe-Wannsee, 1900. An den Chef-Ingenieur Paul Halbe im benachbarten Nowawes (seit 1935 Babelsberg) gesendete Grußkarte.

Kaiser-Pavillon Wannsee, 1911. Im Jahre 1945 brannte dieses etablierte Lokal aus, die Bewirtschaftung an dieser Stelle führte zunächst das »Schultheiss am Wannsee« und später das »Loretta am Wannsee« fort.

Gruss vom Schwedischen Pavillon Wannsee, 1900. Der Pavillon stammte genauso wie der gegenüberliegende »Kaiserpavillon« von der Wiener Welt-ausstellung und lockte seit 1875 Gäste an das Westufer des Sees.

Gruss aus Wannsee-Beelitzhof, 1898. Am Kronprinzessinnenweg auf Höhe des heutigen Wasserwerks landete damals ein großer Teil der Sonntagsausflügler im Ortsteil Beelitzhof. Das einstige »Restaurant Schloss Wannsee« steht sogar noch fast unverändert an der Straße. Nur die Ausflügler fehlen hier schon seit langem. Das bis zum Wannsee hinunter-reichende Grundstück mit vielen noch erhaltenen Nebengebäuden gehört nun dem Sparkassenverband. Die anderen Lokale von Beelitzhof sind spurlos verschwunden, der Name ist vollkommen in Vergessenheit geraten. Auf der Grußkarte findet sich diese nur teilweise entzifferbare Ausflugsmeldung: *Auf einer Radtour nach Potsdam begriffen, sende ich Dir freundliche Grüße (...).* Die Karte ist adressiert an den Herrn Ober-Post-assistent R. Beyer in Callies/Pommern.

Von Potsdam nach Werder/Havel

Die alte Residenz- und Garnisonsstadt Potsdam ging schon vor Jahrhunderten eine enge Symbiose mit Berlin ein. Im Mittelalter gruppierte sich die kleine Stadt um das Stadtschloss am Alten Markt. König Friedrich II. erkor dann die Stadt 1745 zu seiner Sommerresidenz. Das unter seiner Regentschaft erschaffene Schloss Sanssouci mit seinem Park gehört zu den schönsten Schlossanlagen Deutschlands. Zusammen mit den im 19. Jahrhundert erbauten Schlössern Babelsberg, Lindstedt und Charlottenhof sowie den umliegenden Parks und Gärten stellt die Stadt ein beeindruckendes architektonisches Gesamtensemble dar.

In einer verheerenden Bombennacht des Zweiten Weltkriegs ging jedoch viel vom Potsdamer Altstadtkern verloren, in den 1950er- und 1960er-Jahren wurden aus politischen Gründen zudem erst das beschädigte Stadtschloss und später noch die Garnisonkirche abgerissen, seitdem ist die Stadt auf der Suche nach ihrer verlorenen Mitte. Nachdem nun fast 20 Jahre debattiert wurde, kommt endlich Bewegung in den Wiederaufbau am Alten Markt. Hier soll das Stadtschloss als Sitz des brandenburgischen Landtags wieder entstehen.

Potsdam. Plantage mit Garnisonkirche

Potsdam, Garnisonkirche, um 1915. Das 1730 bis 1735 errichtete Gotteshaus war die bedeutendste Barockkirche der Stadt und dominierte mit ihrem 88 Meter hohen Turm die Silhouette der Stadt. Bekannt geworden ist sie durch den »Tag von Potsdam« (21. März 1933), an dem Adolf Hitler, kurz zuvor zum Reichskanzler gewählt, hier Reichspräsident Hindenburg und die Militäraristokratie hofierte. Im Krieg ausgebrannt, ließ die DDR-Regierung die Ruinen der Kirche sprengen und abtragen. Inzwischen bemüht sich ein rühriger Förderverein mittels Spenden darum, die Kirche wieder aufzubauen.

Potsdam. Blick a. d. Havelarm a. d. Burgstr. v. d. Heiligengeistkirche gesehen.

Blick in die Alte Fahrt in Richtung Nikolaikirche, 1916.

Potsdam *Fr. Shala* Panorama v. Wakermanshöhe

Potsdam, Panorama mit Stadt-schloss und Nikolaikirche, 1904. Der Blick führt über die nicht mehr erhaltenen Bahnwerkstätten (mit die ältesten in Deutschland, an der ersten preußischen Eisenbahnlinie zwischen Berlin und Potsdam) und die damalige Lange Brücke zum Alten Markt.

Potsdam. Partie von der Langen Brücke aus gesehen.

Potsdam, An der Alten Fahrt, 1916. Blick auf das Potsdamer Havelufer mit der einstigen Bebauung.

Eine schon dem Namen nach außergewöhnliche Siedlung liegt auf der Potsdam gegenüberliegenden Havelseite. Friedrich der Große lockte im 18. Jahrhundert bekannterweise zahlreiche Siedler aus vielen Teilen Europas in sein karges und menschenarmes Preußen, darunter viele böhmische Weber, die sich außer in Rixdorf auch besonders zahlreich hier ansiedelten. Dafür wurde eine auf dem Reißbrett nach ihren Bedürfnissen entworfene Gemeinde gegründet, welche von den Neuankömmlingen Nowawes (tschechisch für Neues Dorf) getauft wurde. Sie grenzte an das Angerdorf Neuendorf, nach langer Konkurrenz wurden beide Gemeinden zusammengelegt unter dem Doppelnamen Nowawes-Neuendorf vereinigt.

Noch Ende des 19. Jahrhunderts erbauten beide Gemeinden an der gleichen Straße fast gegenüberliegend kurioserweise jeweils ein eigenes, bis heute erhaltenes Rathaus (an der heutigen Rudolf-Breitscheid-Straße). Nowawes entwickelte sich während der Gründerzeit vom Weberdorf zu einem bedeutenden Industriestandort mit zahlreichen Textilbetrieben sowie dem Lokomotivbau im Werk von Orenstein & Koppel. Zahlreiche neue gründerzeitliche Wohnhäuser für die Beschäftigten der Werke wurden hochgezogen. Die Nowaweser Arbeiterschaft bildete von nun an einen starken Kontrast zum von Militär und Beamten dominierten Potsdam. Den Nationalsozialisten war der Name der Stadt suspekt, er klang zu slawisch und wurde 1935 in »Babelsberg« geändert, wenig später wurde der Ort mit Potsdam zusammengelegt.

Im Norden von Potsdam, am Jungfernsee, gab es einst für die Berliner und Potsdamer Sonntagsausflügler auf der Nedlitzer Insel drei benachbarte Gartenlokale, von denen die »Römerschanze« und das »Parkrestaurant« sogar den Zweiten Weltkrieg überstanden. Als nach dem Mauerbau 1961 den hauptstädtischen Besuchern dieser Anlaufpunkt verschlossen blieb, begann auch der Niedergang von Nedlitz. Zunehmend wurden in den 1960er-Jahren auch Baubetriebe hier angesiedelt, so dass heute keinerlei Erholungsbetrieb mehr denkbar ist.

Anders als dort konnten sich am Templiner See (westlich von Potsdam) einige der damals bedeutenden Ausflugsgebiete bis heute nahezu unverändert behaupten. So lockt das »Forsthaus Templin«, der gesamte Ort Caputh mit dem Fährhaus als Treffpunkt oder auch Ferch am angrenzenden Schwielowsee die Besucher auch heute in Scharen hierher hinaus.

Nowawes-Neuendorf, 1904. Die wunderschön gezeichnete Ansicht zeigt die Kreuzung Karl-Liebknecht-Straße/Rudolf-Breitscheid-Straße in Richtung Bahnhof. Bis auf das Apothekengebäude ganz links ist in den 1920er-Jahren alles neu und mehrstöckig bebaut worden. Die einst Kaiserliche Post ist gerade frisch restauriert Teil des dortigen Oberlinhauses (diakonisches Reha-Zentrum) geworden.

Gruss aus Nedlitz, 1898. Die traditions-reiche Ausflugsstätte, an deren Stegen einst vollbesetzte Dampfer aus Berlin anlegten, wurde nach Vernachlässigung und Leerstand 2008 abgerissen. Eine Gruppe von Ausflüglern richtete diese Postkarte nach Magdeburg-Buckau: *Unseren lieben Buckauern senden wir – da momentan auf der Dampferpartie begriffen sind – allen einen freundlichen Gruß. August, Ernestine, Max.*

Gruss aus Caputh, 1901. Am Caputher Gemünde gibt es diese Gast-wirtschaft seit Mitte des 19. Jahr-hunderts an der Fährverbindung hinüber nach Geltow, welche bis heute einen wahren Kultcharakter verkörpert. Nur wenig verändert, lädt sie unzählige Reisende zu einem Stopp an dieser Havelenge ein.

Gruss aus Templin, 1904. Auch dieses Restaurant konnte sich bis in die Gegenwart halten. Nach einigen schweren Jahren gab es 2003 einen erfolgreichen Neubeginn, heute ist das »Forsthaus Templin« besonders für die Potsdamer an Feiertagen wie Himmelfahrt zu einer regelrechten Pilgerstätte geworden.

Die kleine Inselstadt Werder richtet seit 1879 mit dem »Baumblütenfest« das erfolgreichste Volksfest im Berliner Raum aus. Das Fest erfanden die cleveren Werderaner Obstbauern zur besseren Vermarktung ihrer Produkte in der Hauptstadt. Sie warben reichlich und erfolgreich, mit dem Ergebnis, dass sich aus Berlin zur Baumblüte wahre Heerscharen von Menschen per Bahn und per Dampfer auf den Weg in die Blütenstadt begaben. Angelockt wurden sie von dem schmackhaften, aber tückischen Obstwein, den die Werderaner produzierten und in Strömen ausschenkten. Auf den Höhen des Obstanbaus entstanden infolge des Besucheransturms riesige Ausflugslokale, die mit ihren Veranstaltungen, Konzerten, Bällen und den tausenden Gästen Platz bietenden Gärten zu regelrechten Berühmtheiten avancierten. Die Besucher wurden schon an den Dampferstegen mit Kuchen und Obstwein empfangen und von dort direkt hinauf zur »Bismarckhöhe«, zur »Friedrichshöhe« oder zur »Wachtelburg« geleitet. Mit den Hauptstädtern war das große Geld zu verdienen, da nahm man den Müll, die häufigen Raufereien, Saalschlachten und all die Betrunkenen (die auch schon mal mit dem Viehwagen zurück nach Berlin geschickt wurden) in Kauf.

Erstaunlicherweise konnte sich das Blütenfest über alle Krisenzeiten retten und ist gegenwärtig noch genauso populär (die heutige Großstadtjugend liebt das Fest geradezu) wie vor 100 Jahren.

Gruss aus Werder a. d. Havel zur Baumblüte, 1899.

FRIEDR. WILHELM BACHMANN — WERDER a/H.
Fruchtsaftpresserei, Fruchtwein-
u. Schaumwein-Kelterei.

Werder a/H. den

Deutsche Reichspost
Postkarte

An

Fruchtsaft-presserei, Frucht-wein- u. Schaum-wein-Kelterei Bachmann mit Panorama von Werder/H., 1898.

Gruss aus Werder, Etablissement Wachtelburg, 1904. Die Gaststätten-geschichte der erhaltenen »Wachtelburg« endete bereits im Jahr 1928, auf dem Wachtelberg wird heute recht erfolgreich Weinbau betrieben, der dort auch pro-biert werden kann.

Gruss aus Werder, Restaurant Friedrichshöhe, 1904. Zusammen mit der frisch restaurierten »Bismarckhöhe« gehört dieses Lokal, wenn auch seit Jahren vernachlässigt, zur Blütenfestzeit zu den ganz großen Anziehungspunkten des Festes.

Literatur

Berliner Extrablatt, Mitteilungsblatt des Fördervereins Berliner Schloss e. V.

Die Neue Welt an der Hasenheide – Über 100 Jahre Vergnügen und Politik, Berlin 1994.

Förderkreis für Bildung, Kultur und Internationale Beziehungen Reinickendorf e. V.: Tegel – Beiträge zur Großstadtwerdung eines Dorfes, Berlin 1988.

Historische Kommission zu Berlin: Charlottenburg – Die historische Stadt, Berlin 1987.

Hengstbach, Arne: Berlin in Geschichte und Gegenwart, Berlin 1985.

Kulturring in Berlin e. V.: Spandauer Broschüren, Berlin 2010.

Klös, Heinz Georg und Ursula/Frädrich, Hans: Die Arche Noah an der Spree, Berlin 1994.

Löschburg, Winfried: Unter den Linden, Berlin 1972.

Manns, Willy: Historisches Heimatarchiv Berlin-Pankow.

Pomplun, Kurt: Pompluns großes Berlinbuch, Augsburg 1997.

Schulze, Heinz: Gaststätten in Köpenick, im Archiv des Heimatmuseums Köpenick.

Stephan, Bruno: Moabiter Schützenhaus, in: *Der Nordberliner* vom 26. Juli 1974.

Täubrich, Hans-Christian: Zu Gast im alten Berlin, München 1990.

Türke, Georg: Treptows vergangene Pracht, Berlin 2008.

Uebel, Lothar: Reinstes Rixdorfer Vergnügen, Berlin 2001.

Wendland, Folkwin: Der Große Tiergarten in Berlin, Berlin 1993.

Bildnachweis

Archiv des Heimatmuseums Reinickendorf: Gruß aus Lübars

Archiv des Heimatmuseums Schöneberg-Tempelhof: Schlossbrauerei Schöneberg, Altes Rathaus Schöneberg, Hauptstraße/Vorbergstraße, Kolonnenstraße/Bahnhof, Tempelhofer Straße/Hauptstraße, Tempelhof-Wilhelmsgarten, Marienhöhe-Südende

Alle anderen Abbildungen: Archiv des Autors

Über den Autor

Holger Lehmann (Jg. 1966) beschäftigt sich seit vielen Jahren mit Fotografie und Regionalgeschichte. Seine Fotoausstellungen zu maritimen Themen sind seit mehreren Jahren in verschiedenen Ostseebädern zu sehen. In der *Märkischen Allgemeinen Zeitung* hat er mehrfach zu Ausflugszielen in und um Potsdam geschrieben. Im Verlag für Berlin-Brandenburg ist sein 2009 erstmals erschienener Titel *Berliner Ausflüge* in fünfter Auflage lieferbar.